中国商事制度改革丛书

中国营商环境企业调查（2023）

“放管服”改革十年

徐现祥 毕青苗 王子晗／编著

社会科学文献出版社
SOCIAL SCIENCES ACADEMIC PRESS (CHINA)

前　言

党的二十大明确提出“深化简政放权、放管结合、优化服务改革”。在国家社会科学基金专项课题“深化商事制度改革研究”（18VSJ069）和国家社会科学基金重大项目“现代信息技术驱动的我国营商环境优化研究”（20&ZD071）的资助下，课题组于2018~2022年连续开展了五轮全国实地调查，走访全国30省（区市）156市的503个政务服务中心，面对面访谈2.88万家市场主体，真实记录市场主体的声音。其中第五轮调查于2022年7~8月进行，覆盖全国19省（区市）35市的138个政务服务中心。基于实地调查一手素材，课题组撰写汇编《中国营商环境企业调查（2023）》。

《中国营商环境企业调查（2023）》由五个部分构成。第一部分为“放管服”改革需求侧建设概况，概述“放管服”改革的整体最新进展和面临的主要问题。第二部分为“放管服”改革十年建设进展，包含市场准入、市场监管、政务服务中心、数字政府等四个方面的建设情况。第三部分为“放管服”改革十年建设成效，包含市场主体进入、市场主体成长绩效、企业获得感、市场主体眼中的营商环境标杆城市等四个方面的成效评价。第四部分为“放管服”改革十年建设标杆，总结标杆城市改革经验。第五部分为附录，包含理论框架、实地调查、相关数据。

《中国营商环境企业调查（2023）》的主要发现如下：

2022 年，市场主体完成登记注册平均需要 4.4 天，较 2018 年缩短 37%；

2022 年，68%的市场主体经历上门检查，较 2018 年降低 11 个百分点；

2022 年，54%的市场主体办成一件事“最多跑一次”，较 2018 年提升 24 个百分点；

2022 年，数字政府的使用率为 65%，进入大规模使用阶段，一网通办率达 79%；

2022 年，89%的市场主体认为“放管服”改革能降低与政府打交道的费用，较 2018 年提升 24 个百分点；

从市场主体视角看，广东、上海、浙江、北京、江苏、福建的营商环境口碑稳居全国前六；

各省（自治区、直辖市）市场主体认可的营商环境对标省份集中为北京、上海和广东，呈现出“对标三角”模式；

2022 年市场主体业绩增长指数和就业增长指数下滑，还未恢复到 2019 年前的水平；

竞争激烈、房租成本高、劳动力成本高、招工难是市场主体面临的主要困难。

2018~2022 年全国“放管服”改革需求侧建设进展简表

一级指标	二级指标	三级指标	2018年	2019年	2020年	2021年	2022年
放管服	市场准入	完成登记注册所需时间(天)	7.0	6.9	6.2	5.6	4.4
		完成登记注册所需窗口数量(个)	1.8	1.8	1.7	1.7	1.6
		认为办理营业执照更快捷的市场主体占比(%)	75	81	78		
		办理许可证(或涉证事项)的数量(个)	2.0	1.8	1.8	1.8	1.6
		办理许可证所需最长时间(天)	26.5	21.7	17.7		17.2
		认为办理许可证数量减少的市场主体占比(%)	37	25	21	16	15
	市场监管	国家企业信用信息公示系统使用率(%)	66	66	70	68	73
		被上门检查的市场主体占比(%)	79	81	83	66	68
		被上门检查次数增多的市场主体占比(%)	30	35	28	23	18
		被上门检查部门数量增多的市场主体占比(%)	20	24	20	15	14
	线下服务	进驻部门数量(个)	20.0	19.2	18.7	27.0	23.5
		人工窗口开放率(%)	92	85	85	81	80
		“只跑一次”的市场主体占比(%)	30	42	44	51	54
		“一窗办理”的市场主体占比(%)	68	67	69	69	70
	数字政府	网上办事大厅和移动端办事系统想用率(%)		92	93	88	90
		网上办事大厅和移动端办事系统知晓率(%)	59	69	77	77	77
		网上办事大厅和移动端办事系统使用率(%)	42	53	62	59	65
		政务服务一体机数量(个)		1.1	1.7	1.8	1.9
		政务服务一体机上进驻部门数量(个)			5.4	10.2	11.1
	主观感受	认为与政府打交道时间降低的市场主体占比(%)	86	87	89	91	89
		认为与政府打交道费用降低的市场主体占比(%)	65	72	74	91	89
		认为商事制度改革对经营有积极影响的市场主体占比(%)	60	66	62	64	61
	企业活力	过去半年员工增加的市场主体占比(%)		34	23	23	25
		过去半年进行创新的市场主体占比(%)		44	35	39	38
		过去半年业绩变好的市场主体占比(%)		49	27	38	29
	公平竞争	企业对本地公平竞争环境的打分(分)				79	
		在与政府职能部门或其他企业打交道的过程中遇到不公平的市场主体占比(%)				13	
		面临不公平竞争时,不进行处理的市场主体占比(%)				34	

注：为使数据具有年度可比性，课题组对 2018 年指标的计算方式进行了更新。

目　录

第五部分　附　录

第一部分
“放管服”改革需求侧建设概况

“放管服”改革需求侧建设现状*

一 “放管服”改革的主要成绩

（一）企业登记注册时间压缩

2022 年企业平均 4.4 天完成登记注册，较 2018 年压缩约 37%。在调查中，调查员访谈市场主体“企业注册成立时，完成企业注册（拿到工商营业执照）所需的时长为多久”。本报告根据市场主体登记注册年份、登记注册所需时间的访谈数据，计算每年新登记注册的市场主体完成登记注册平均所需时间。如图 1 所示，市场主体调查数据显示，2018 年市场主体办理登记注册平均需要 7.0 天，2019~2021 年逐步下降至 5.6 天，2022 年进一步压缩至 4.4 天。根据市场主体的统计口径，这 4.4 天是包含了前期资料准备、受理审核通过、领取营业执照等环节的总时间。从市场主体的视角来看，2018~2022 年企业登记注册所需时间缩短了 2.6 天，压缩幅度达 37%，进步显著。

从实地访谈来看，市场主体普遍感受到市场准入更便利了。在东部，来自广东省深圳市的市场主体表示，“等待时间比较短，半个小时左右就可以解决问题，基本上在‘企业一窗通’就可以完成”。在西部，新疆乌鲁木齐市的大部分市场主体也有同样的感受，表示“现在‘三证合一’比以前方便多了，办理执照 1~2 个工作日就可以完成”。

---

* 执笔人：陈秋羽、王文茂、毕青苗、王子晗。

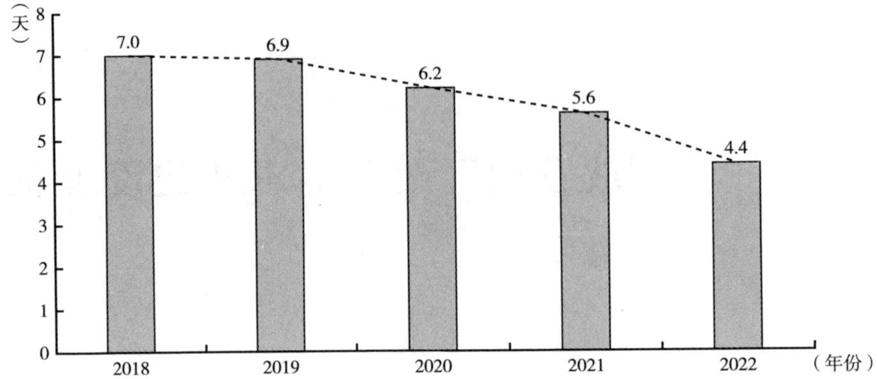

图 1　2018~2022 年市场主体完成登记注册所需时间

（二）市场主体被上门检查的比例开始减少

2022 年有 68%的受访市场主体被上门检查，较 2018 年降低了 11 个百分点。在调查中，调查员访谈市场主体“过去一年，您所在的企业有被政府职能部门上门检查过吗”。如图 2 所示，市场主体调查数据显示，2018~2020 年分别有 79%、81%、83%的市场主体表示过去一年有过被职能部门上门检查的经历，占比逐年提升；2021~2022 年该比例下降，2022 年为 68%。从市场主体的视角来看，2018~2022 年企业被上门检查的比例减少 11 个百分点，“无事不扰”新监管理念初显成效。

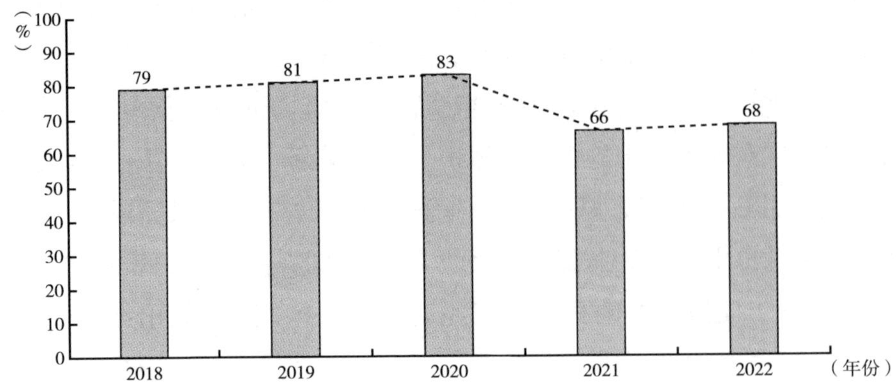

图 2　2018~2022 年被上门检查的市场主体占比

（三）市场主体线下办事“只跑一次”的比例突破一半

2022 年 54%的市场主体办成一件事“只跑一次”，较 2018 年提升了 24 个百分点。在调查中，调查员访谈市场主体“在过去半年，您来这个办事大厅办成一件事大致需要跑几次”，据此计算“只跑一次”的市场主体占比。如图 3 所示，市场主体调查数据显示，2018 年有 30%的受访市场主体表示办成一件事只需要来线下大厅跑一次；2020 年这一比例上升至 44%，2022 年进一步提升至 54%，突破一半。从市场主体的评价来看，2018～2022 年“只跑一次”的比例提升了 24 个百分点，线下政务服务效率稳步提升。

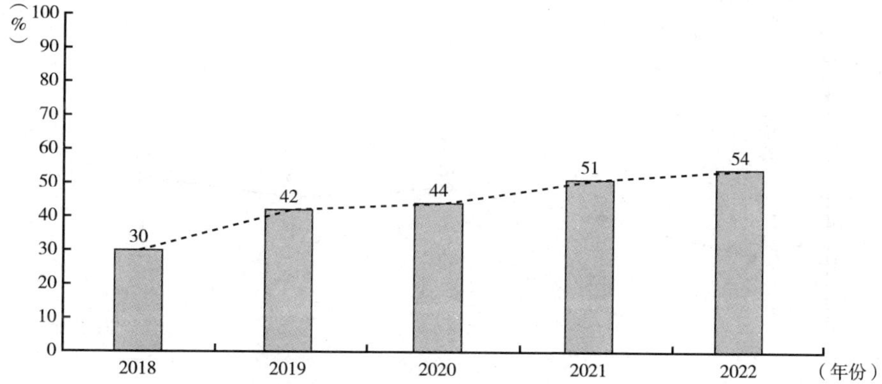

图 3　2018～2022 年“只跑一次”的比例

在实地访谈中，市场主体对政务服务中心办事效率的提升表示肯定。在东部，来自北京的市场主体表示，“现在办成一件事跑一两次就行，每次只用和一个窗口打交道”。广东江门的市场主体也表示，“肯定方便多了嘛”“节省了我很多时间”。来自山东济宁的市场主体表示，“一件事半小时到一小时就可以办成，每次只需要跟 1～2 个窗口打交道”。在中部，来自湖南长沙的市场主体表示，“窗口很多，基本也都会在工作当中，每次过来基本上取号就能去办，不用等，你看这就叫到我了”。

（四）数字政府进入大规模使用阶段

本报告将电脑端政务服务网、手机端各类 App 和小程序等办事平台统称为数字政府，将使用过数字政府的市场主体占比定义为数字政府使用率。如图 4 所示，当被问及“您有在电脑上或手机上办理过业务吗”时，市场主体调查数据显示，2018 年 42%的市场主体表示使用过数字政府，2021 年数字政府使用率增加至 59%，2022 年达到 65%，2018~2022 年数字政府使用率提高了 23 个百分点。这表明，从市场主体的视角来看，数字政府已经进入大规模使用阶段。

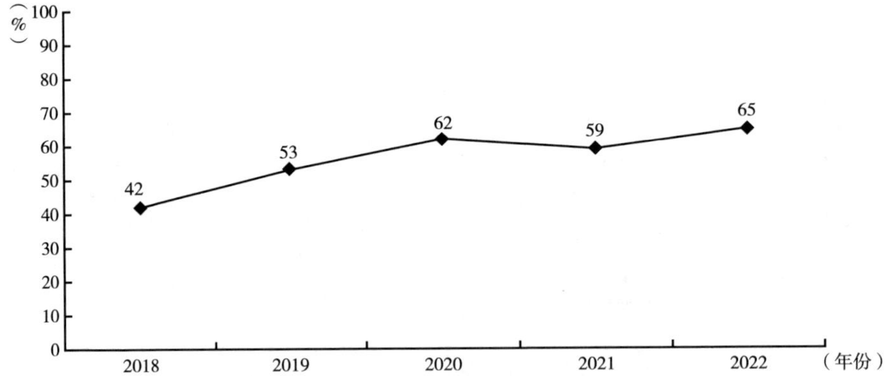

图 4　2018~2022 年数字政府使用率

在使用数字政府的市场主体中，2022 年 79%的市场主体表示可“一网通办”，2018~2022 年提升 56 个百分点。本报告将市场主体中只使用一个办事系统的比例定义为“一网通办”。当被问及“在过去半年，您是否只通过一个电脑系统或手机 App 就能办理业务”时，在使用过数字政府的市场主体中，2018 年 23%的市场主体表示只需操作一个办事系统“一网通办”，2019~2021 年一网通办率一直保持在

30%左右；2022 年，79%的受访市场主体表示能够实现“一网通办”，较 2019 年提升了 50 个百分点，实现了较大进步（见图 5）。

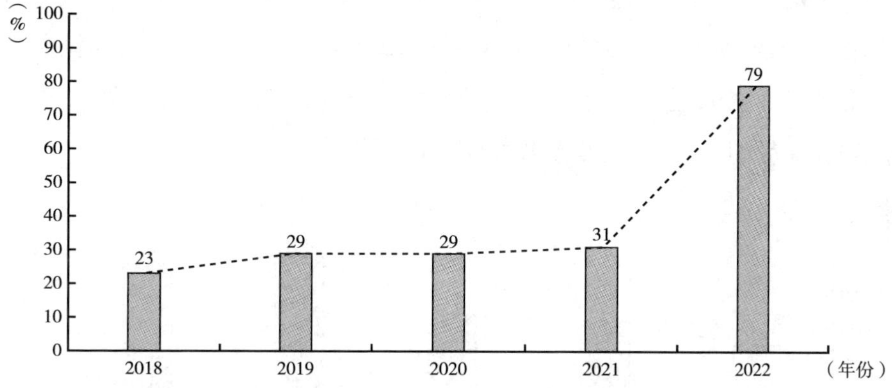

图 5　2018~2022 年一网通办率

从实地访谈来看，市场主体普遍认可使用数字政府能够帮助他们降低办事成本。在东部，来自浙江杭州的市场主体表示，“我付的打车费、研究流程花的成本都省了不少”。还有市场主体认为，“从人工接触转向智能接触，减少了许多沟通的时间成本”，“杭州前几年换过两三次线上平台，每个只用了一两年，不太流畅，改成‘浙里办’大集成之后方便了很多”。在中部，来自湖南长沙的市场主体表示，“长沙在线上办理这方面也越办越好了，我们能线上基本就不线下了，也希望线上能办理的服务越来越多”，“我去网上看了的，那个结果那里显示完成了的，很方便，也不用我到处去找地方查这查那的”。

（五）近九成企业认可“降费”

2022 年 89%的市场主体认为与政府打交道费用降低，较 2018 年提升了 24 个百分点。在调查中，调查员访谈市场主体“据您了解，目前的‘放管服’改革措施能够降低企业与政府打交道的费用吗”。如图 6 所示，市场主体调查数据显示，2018 年 65%的市场主体认为“放管服”改革能够降低其与政府打交道的费用，2019~2021 年这一比例持续提升，2022 年达到 89%，2018~2022 年提升了 24 个百分点。其中，如图 7 所示，2022 年有 41%的市场主体认为目前与政府打交道已经免费。这表明，市场主体对于“放管服”改革降低办事费用、减轻企业负担的获得感较强。

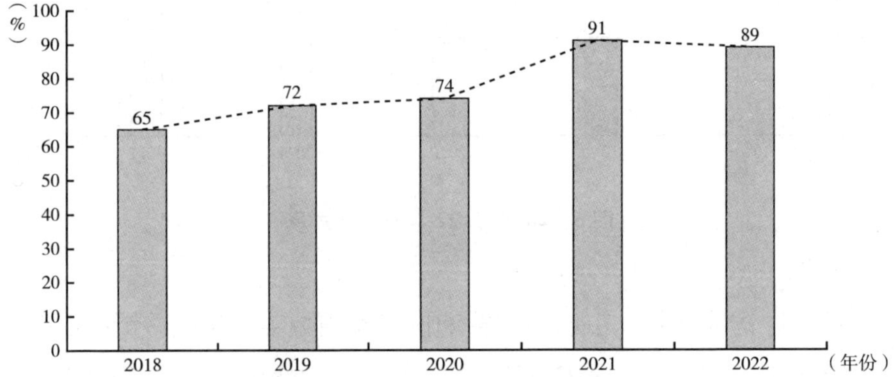

图 6　2018~2022 年认为费用降低或免费的比例

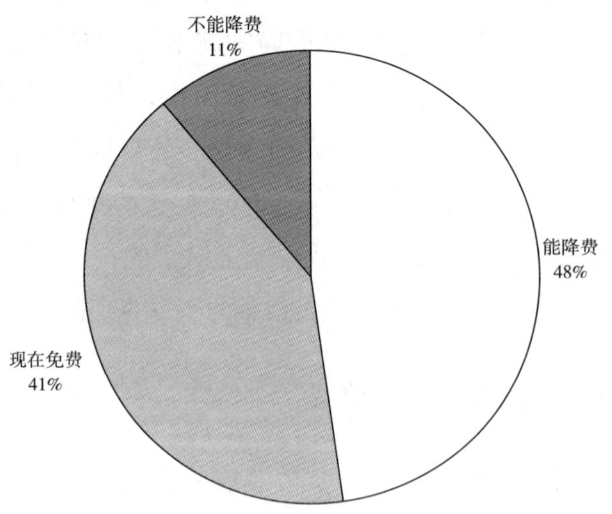

图 7　2022 年 41%的市场主体认为现在办事免费

二 “放管服”改革的标杆城市

（一）广东、上海、浙江、北京、江苏、福建营商环境口碑稳居全国前六

本报告某地营商环境口碑是指外地市场主体中认为该地营商环境好的比例，是外地市场主体对该地营商环境的综合评价。调查组访谈市场主体“据您了解，您认为除本省外，全国做生意环境相对较好的省区市有哪些”，如图 8 所示，2022 年营商环境口碑最高的省份是广东，全国 51%的非广东市场主体认为广东的营商环境较好；排名第二的是上海，全国 42%的非上海市场主体认为上海的营商环境较好；排名第三的是浙江，全国 35%的非浙江市场主体认为浙江的营商环境较好。北京、江苏、福建排名位列第四至第六名。

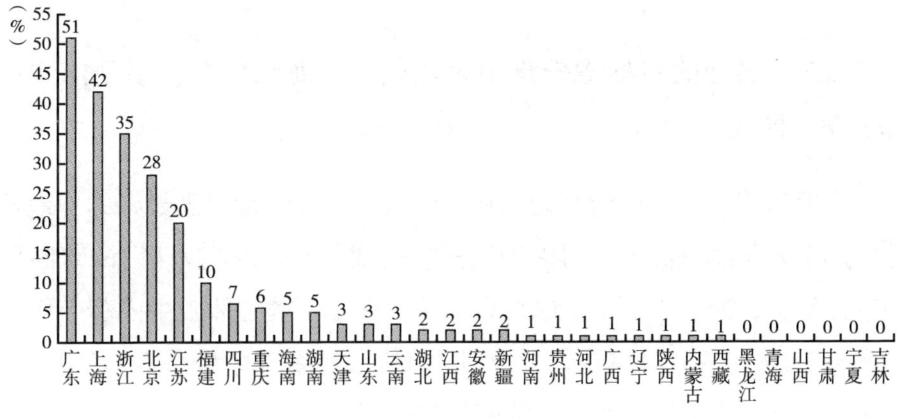

图 8　2022 年全国各省区市营商环境得票率

2018~2022 年营商环境口碑前六名省市具有稳定性。如图 9 所示，2018~2021 年，上海营商环境口碑连续四年位居第一，广东连续四年位居第二，浙江与北京在第三、四名之间浮动，江苏与福建分别位列第五

名和第六名。2021~2022年广东营商环境口碑超越上海，位列第一；上海位列第二；浙江超越北京，位列第三；江苏与福建分别位列第五和第六。这表明，广东、上海、浙江、北京、江苏、福建一直是市场主体普遍认可的营商环境标杆省市。

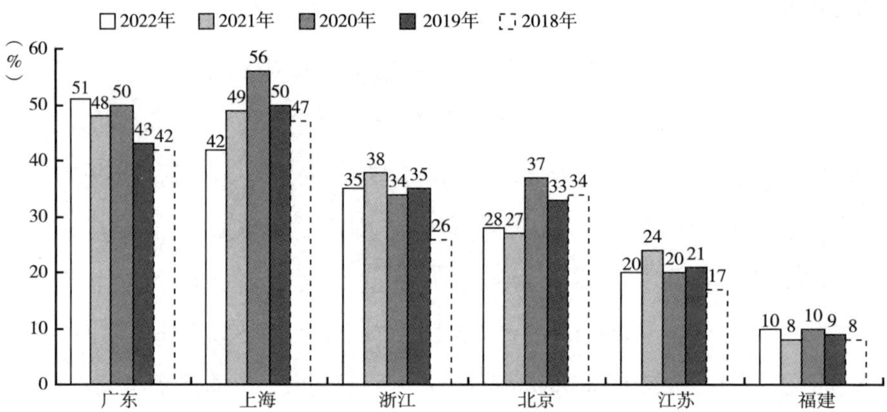

图9　2018~2022年营商环境得票率排名前六的省市

（二）各地的对标省份集中为北京、上海和广东，呈现出“对标三角”模式

本报告将对标省份定义为本地企业眼中营商环境口碑最好的外地省份。基于五年调查数据，可以识别出全国29个省份企业认可的营商环境对标省份，如表1所示。以北京为例，北京市场主体眼中的营商环境对标省份为上海，北京市场主体眼中的上海营商环境口碑为59，即59%的北京市场主体认为上海营商环境较好。

从对标省份的空间分布来看，各地营商环境对标省份集中为北京、上海、广东，呈现“对标三角”模式。具体而言，在29个省份中，13个省份对标广东省，占比为45%；12个省份对标上海，占比为41%；3个省份对标北京，占比为10%；1个省份对标浙江，占比为3%。从空间分布来看，选择对标广东的省份集中分布在中部地区，从与广东相邻的福建、江西、湖南、广西开始逐渐向外部蔓延，最北是黑龙江，最西是新疆；选择对标上海的省份主要分布在东部和西部地区；选择对标北京的省份为同属京津冀地区的河北和天津，以及临近的内蒙古；只有上海选择相邻的浙江为对标省。

表 1　市场主体眼中的营商环境对标省份及口碑

省份	对标省份	口碑	省份	对标省份	口碑	省份	对标省份	口碑
北京	上海	59	安徽	上海	48	重庆	广东	57
天津	北京	47	福建	广东	54	四川	上海	50
河北	北京	47	江西	广东	56	贵州	广东	47
山西	上海	47	山东	上海	45	云南	上海	50
内蒙古	北京	50	河南	广东	40	陕西	广东	42
吉林	广东	44	湖北	广东	57	甘肃	上海	39
黑龙江	广东	52	湖南	广东	61	青海	上海	55
上海	浙江	61	广东	上海	58	宁夏	上海	49
江苏	上海	67	广西	广东	74	新疆	广东	61
浙江	上海	60	海南	广东	75			

注：西藏未调查，辽宁访谈样本量不足，故数据缺失。

另外，表 1 还报告了对标省份的口碑大小。如果对标省份口碑超过 50，则意味着对标省份是大多数市场主体共同选择的结果。从表 1 中的数值来看，评价口碑不低于 50 的对标省份占比 62%。其中，在选择广东为对标省份的 13 个省中，有 9 个省份对广东营商环境的口碑不低于 50，占 69%；在选择上海为对标省份的 12 个省份中，有 7 个省份对上海营商环境的口碑不低于 50，占 58%；在选择北京为对标省份的 3 个省份中，有 1 个省份对北京营商环境的口碑不低于 50，占 33%。

三 "放管服"改革的经验做法

(一)党的全面领导，统筹推进改革

"放管服"改革的突出特点之一是涉及部门多、领域广，必须在党的全面领导下统筹推进。从市场主体眼中的对标省份北京、上海、广东来看，2014 年 1~2 月，中共北京市委、中共上海市委、中共广东省委均成立全面深化改革领导小组，由改革领导小组根据中央确定的重大原则、方针政策、决策部署，负责本地改革的总体设计、统筹协调、整体推进、督促落实。

(二)以人民为中心，渐进实施改革

"放管服"改革始终坚持以人民为中心，从市场主体关心的难点痛点入手，不断深化改革。以市场主体眼中的标杆省份广东为例，为解决市场主体"准入难"和"准营难"，2014 年《广东省商事登记制度改革方案》提出"工商注册制度便利化"，推出先照后证、注册资本认缴登记制等一系列措施，便利市场主体准入。为了解决市场主体"办事难"，2018 年《广东省深化商事制度改革行动方案》提出"创建覆盖企业准入、准营、退出全生命周期的商事制度改革新模式"，实施"一次办""一窗受理""一网通办"等改革；2021 年《广东省全面深化商事制度改革三年行动计划》提出实行全流程"一表申请、一网通办、一天办结"。这些改革直面目前市场主体的实际困难，实施渐进的改革措施，为市场主体破题解难，提高市场主体获得感，体现了以人民为中心的改革思想。

（三）引入技术驱动，建设数字政府

在大数据、人工智能等现代信息技术的驱动下，数字政府为市场主体提供了新的办事方式。从市场主体眼中的对标省份来看，北京、上海、广东分别有54%、46%、43%的市场主体认为数字政府好用，均高于全国平均水平；在实地调查，广东“商事登记自助一体机+人工导办”这一做法获得了市场主体好评。市场主体认为数字政府好用，是因为数字政府能够在一定程度上提高办事效率，如图10所示，使用数字政府的市场主体在“一窗办理”“一小时办结”“30分钟办结”方面的比例均高于未使用数字政府的市场主体。这表明，使用数字政府能够提高办事效率、帮助市场主体降低办事成本。

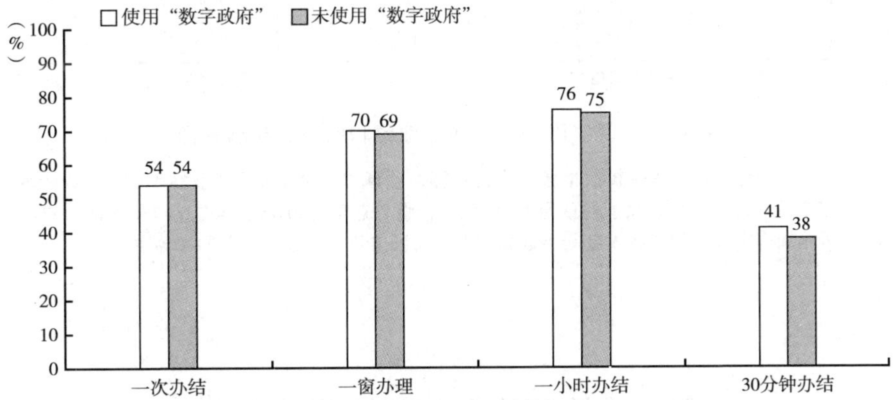

图10　2022年市场主体是否使用数字政府时的办事效率差异

（四）服务国家战略，推动高质量发展

高质量发展是全面建设社会主义现代化国家的首要任务。从微观视角来看，市场主体高质量成长最终要靠提高自身竞争力，政府能做的主要是降低涉企全周期的办事成本，帮助企业减轻负担。如图11所示，认可“放管服”改革能够“降费”的市场主体与不认可的市场主体相

比，企业业绩增长指数、企业创新指数分别高 2 个、3 个百分点。这表明，政府降低企业办事成本有利于提高企业资源配置效率，推动企业高质量转型发展。在实地调查中，北京市“延时服务+错峰服务”、上海市“一人专管专项”和“窗口无否决权制度”等典型做法在降低企业办事成本上获得了市场主体的好评。

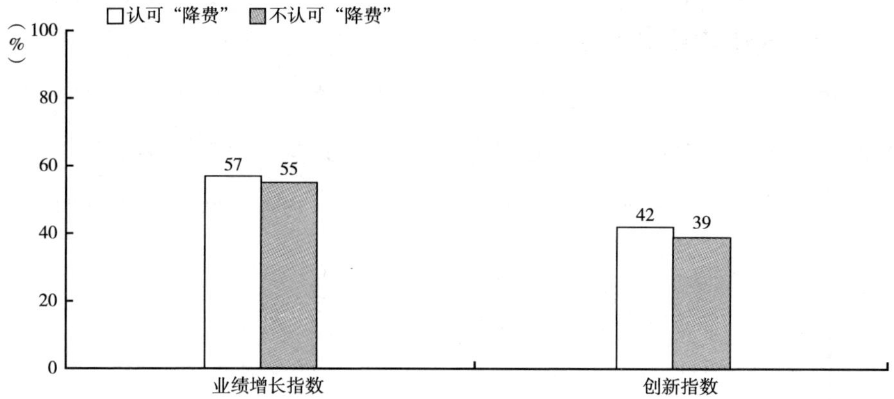

图 11　是否“降费”对企业业绩和创新的影响差异

注：业绩增长指数采用扩散指数法进行计算，计算“业绩增多”“业绩不变”“业绩减少”三个选项占比，分别赋予权重为 1、0.5、0，将各选项的市场主体占比与相应的权重相乘，再相加得出最终的指数。创新指数为过去一年推出新产品或新服务的市场主体占比。

四　“放管服”改革的重点难点

（一）改革进入新阶段，市场主体面临“成长难”

通过十年建设，“放管服”改革在解决企业准入难方面已经取得了显著成效，但现有改革措施难以解决企业面临的新困难和新挑战。从经济学逻辑来看，短期内实现市场主体数量倍增既是“放管服”改革不断便利企业准入所取得的巨大成绩，也同时为企业带来了两个新困难：

一是产品市场供给随企业数量的增加而增加，企业面临的竞争必然越来越激烈；二是生产要素市场需求随企业数量的增加而增加，必然会出现生产要素成本高、企业招工难等问题。现实亦如此，课题组访谈市场主体“您所在的企业当前面临的最大困难是什么”，如图 12 所示，2018~2022 年，市场竞争激烈、房租成本高、劳动力成本高、招工困难、融资难一直是企业面临的主要困难，2022 年被提及的比例分别为 18%、13%、11%、9%、6%，市场主体表示，“对于我们这些小本经营的人来说，关键是有钱赚。可是现在运营成本高，招工难，很难赚钱啊”。从逻辑上来看，这些困难不是“放管服”改革所能直接解决的困难，而且随着进一步破除隐性门槛、市场主体数量持续增加，这些困难不会消失，将是市场主体长期面临的困难。

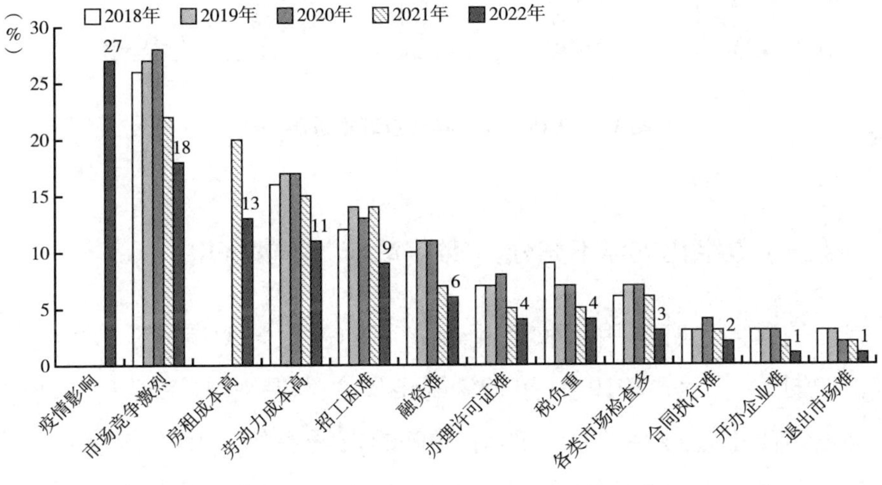

图 12　市场主体面临的主要困难得票率

注：2021 年新增“房租成本高”选项，2022 年新增“疫情影响”选项，故无往年数据。

（二）改革进展不均衡，各地改革差异一直较大

一是各地线下政务大厅办事效率差异一直较大，如图 13 所示，调

查城市中“只跑一次”的市场主体占比最大值与最小值之差从 2018 年的 36 个百分点扩大到了 2022 年的 52 个百分点。二是各地数字政府使用率差异一直较大，大多数年份各地数字政府使用率的最大值与最小值之差在 45 个百分点左右。尽管从全国范围来看线上线下服务效率持续提升，但部分地区营商环境建设明显滞后。

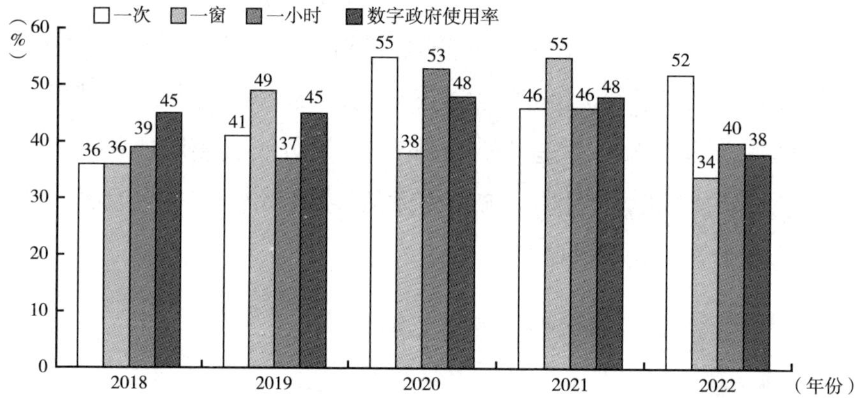

图 13　2018~2022 年调查城市进展差距

（三）数字化支撑不充分，“数字政府”不够好用

一是数字政府想用率和使用率之间的差距一直存在。从调查来看，如图 14 所示，2019 年有 92%的市场主体想用数字政府，53%的市场主体使用过数字政府，还有 39%的市场主体想用但未使用；到 2022 年，想用率和使用率的差距一直存在。从市场主体的视角看，市场主体想用但不用的主要原因有两个。如图 15 所示，第一个主要原因是数字政府的业务不全，一些业务办不了。当问及市场主体“为什么本次业务没有在数字政府上办理”时，38%的市场主体认为业务不全，表示“电脑上办不了”“比如我要搞签章啊，在我的电脑上运行不了”。第二个主要原因是数字政府不能全流程办理。2022 年有 31%

的市场主体认为数字政府不能全流程办理，要到线下交材料，企业表示"在线上审核通过后，我们还需要来线下进行签名确认或资料递交领取"。

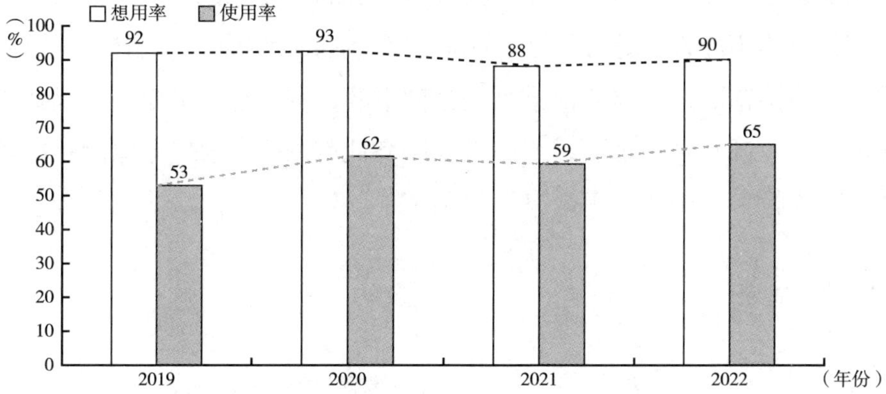

图 14　2019~2022 年数字政府想用率和使用率

注：2018 年未调查想用率，故从 2019 年开始报告。

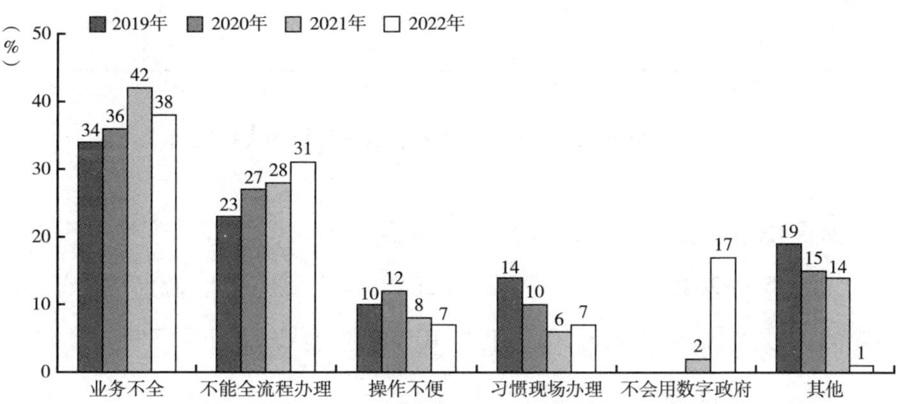

图 15　2019~2022 年市场主体不使用数字政府的原因

注：自 2021 年起调查新增了"不会用数字政府"，故无往年数据。

二是政务服务一体机的使用率不高。政务服务一体机通过集成职能部门服务，为市场主体提供新办事方式，调查数据显示，如图 16 所示，引入政务服务一体机的大厅比例从 2019 年的 51%提高到 2022 年的 65%。但通过调查员驻足观察统计，如图 17 所示，2019~2022 年政务服务一体机的使用率分别为 17%、26%、10%、16%，均不超过 30%。从访谈来看，市场主体不用政务服务一体机的主要原因有两个。第一个原因是机器不如人工处理灵活、明确，市场主体认为“使用机器的话，哪里资料填错了，机器的报错表达含糊不清，我们也不清楚具体是错在哪里，反正都来到这里了，还是人工服务比较好”。第二个原因是机器会出现卡顿等，影响办事效率。

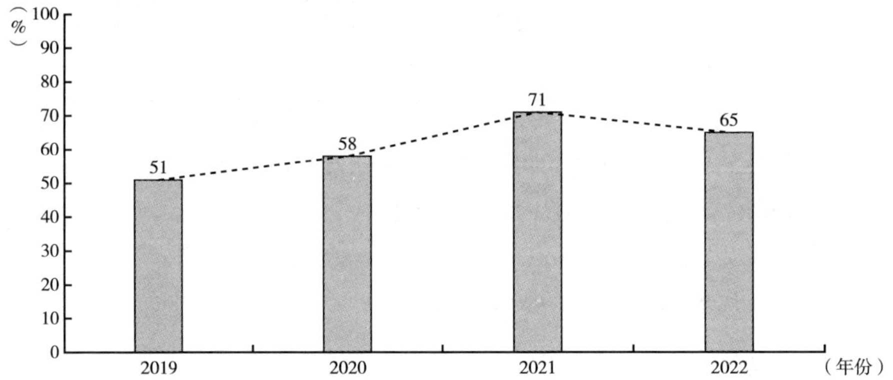

图 16　2019~2022 年引入政务服务一体机的大厅比例

值得指出的是，随着数字政府的建设和推广，习惯于现场办理的市场主体比例从 2019 年的 14%下降到 2022 年的 7%；认为数字政府操作不便的市场主体比例也从 2019 年的 10%减少至 2022 年的 7%。

（四）面对多因素冲击，市场主体产出和就业不稳定

一是 2022 年企业业绩增长指数为 45%，比 2019 年低 20 个百分点。在调查中，调查员通过询问市场主体“在过去半年，企业销售业绩变好、不变还是变差”从而得到市场主体业绩增长指数。如图 18 所示，2022 年业绩增长指数为 45%，比上年下降 12 个百分点，比 2019 年下降

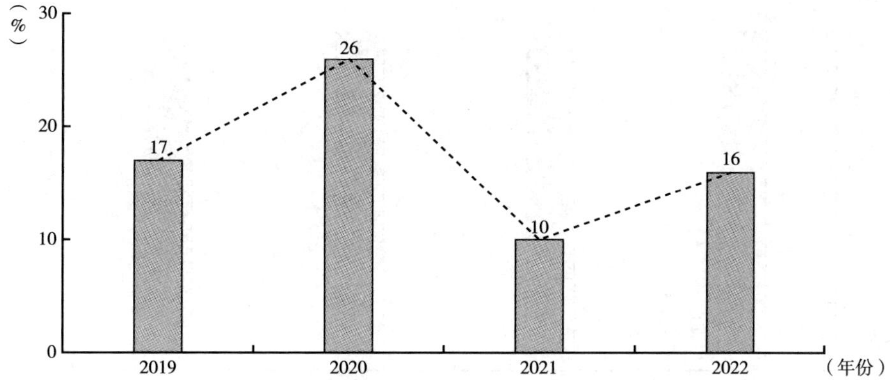

图 17　2019~2022 年政务服务一体机使用率

20 个百分点。从各个选项来看，如图 19 所示，2022 年有 39%的受访市场主体表示企业业绩减少，比 2019 年多 20 个百分点；2022 年有 29%的受访市场主体表示业绩增多，比 2019 年少 20 个百分点。

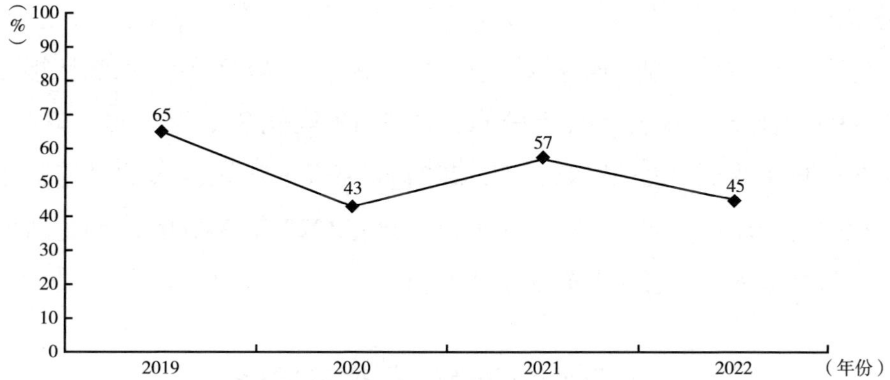

图 18　2019~2022 年业绩增长指数

注：业绩增长指数采用扩散指数法进行计算，即计算“业绩增多”“业绩不变”“业绩减少”三个选项占比，分别赋予权重为 1、0.5、0，将各项的占比与相应的权重相乘，再相加得出最终的指数。所有指数取值范围为 0~100%。

二是 2022 年就业增长指数为 53%，比 2019 年低 7 个百分点。就业增长指数是通过对市场主体员工人数变化情况进行调查、汇总、

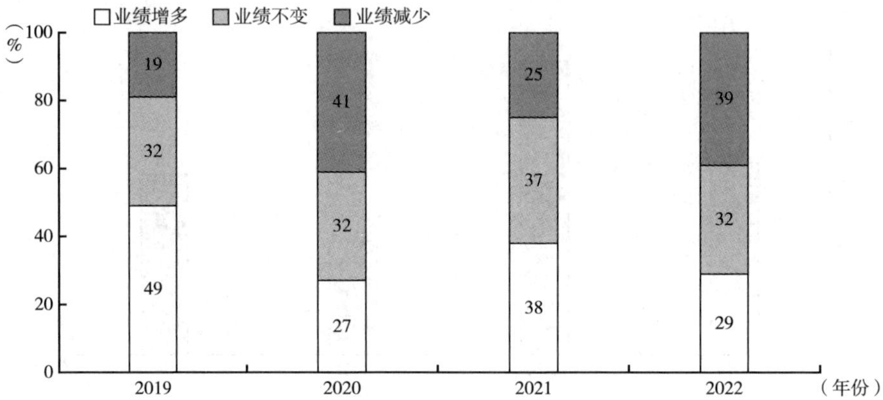

图 19　2019~2022 年市场主体业绩情况

注：业绩增长指数采用扩散指数法进行计算，即计算“业绩增多”“业绩不变”“业绩减少”三个选项占比，分别赋予权重为 1、0.5、0，将各项的占比与相应的权重相乘，再相加得出最终的指数。所有指数取值范围为 0~100%。

计算得到的指数，反映就业人数变化趋势。在调查中，调查员询问市场主体“在过去半年，企业的员工数量增多、不变还是减少”，基于此计算市场主体就业增长指数。如图 20 所示，2022 年就业增长指数为 53%，比上年降低 2 个百分点，比 2019 年低 7 个百分点。其中，从各个选项来看，如图 21 所示，2022 年 19%的市场主体的员工数量减少，与 2019 年相比上升了 5 个百分点；2022 年 25%的市场主体的员工数量增多，比 2019 年低了 9 个百分点。

五　深化“放管服”改革的建议

立足新发展阶段，贯彻新发展理念，构建新发展格局，根据全国营商环境建设取得的进展、面临的问题，结合中国经济发展新形势，深化“放管服”改革、优化营商环境需要做到以下几点。

在短期，延长助企纾困政策期限，帮助小微企业“活起来”。调查结果显示，小微企业就业和业绩增长水平一直低于大中型企业，面临的

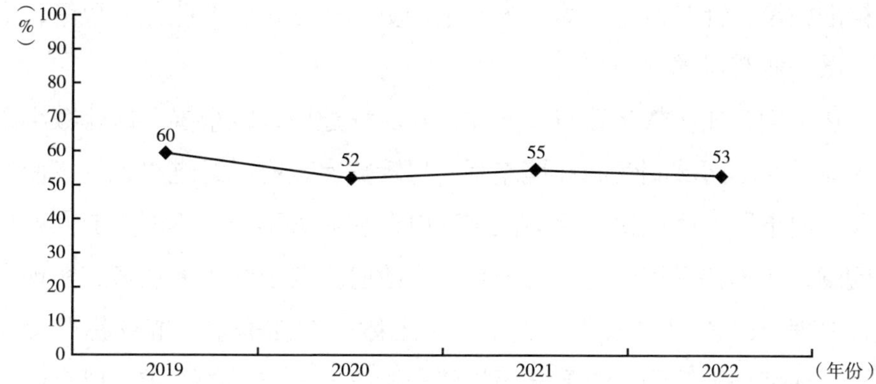

图 20　2019~2022 年就业增长指数

注：就业增长指数采用扩散指数法进行计算，计算"员工增多""员工不变""员工减少"三个选项占比，分别赋予权重 1、0.5、0，将各项占比与相应权重相乘，再相加得出最终指数。所有指数取值范围为 0~100%。

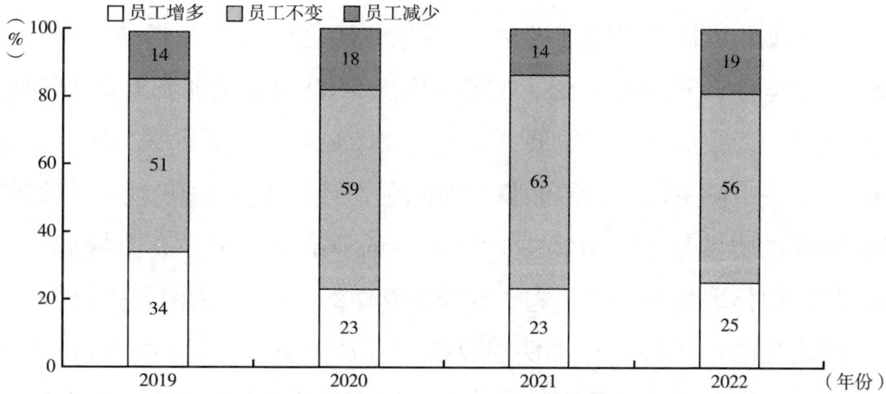

图 21　2019~2022 年企业员工情况

注：就业增长指数采用扩散指数法进行计算，计算"员工增多""员工不变""员工减少"三个选项占比，分别赋予权重 1、0.5、0，将各项占比与相应权重相乘，再相加得出最终指数。所有指数取值范围为 0~100%。

主要困难是竞争激烈、房租高、招工难、融资难。帮助企业解决短期生存困难，将有利于经济复苏和稳定就业。对此，一是延长各项助企纾困、援企稳岗政策期限，解决小微企业在经营场所、用工、融资等方面面临的实际困难，切实减轻市场主体负担，稳定小微企业发展预期；二是精准施策，针对市场主体需求，出台更加精准化、智能化的政策，提高小微企业获得感。

在中期，加快数字政府业务建设和流程建设，以全国一体化数字政府为抓手缩小区域间营商环境差距。尽管数字政府已经进入大规模使用阶段，但市场主体反映，目前数字政府存在业务不全、不能全流程办理等问题，还不够好用。对此，一是数字政府需要上线更多业务，实现全流程办理，以“用户思维”满足市场主体的潜在需求，继续提升使用率，实现好用、管用。二是按照构建全国统一大市场的要求，以全国一体化数字政府建设为抓手推进各地区各部门政务服务平台标准化建设，在制度上清除跨地区、跨部门的障碍壁垒，在技术上实现跨地区、跨部门的一网通办，不断缩小地区间营商环境差距，推动全国统一大市场建设。

在长期，巩固“放管服”改革成果，建立助力企业长效机制。我国“放管服”改革十年取得了市场主体从5500万家增加到1.69亿家的巨大成就，为经济高质量发展夯实了企业数量基础，成果来之不易，需要努力解决市场主体成长中面临的新问题，努力使现有的市场主体数量基础转变为质量基础。市场主体想要在竞争中活下来、高质量成长起来，最终要靠提高自身竞争力。政府能够做的，一是为市场主体成长提供非歧视性的市场环境，加快建立统一开放、竞争有序的现代市场体系，依法促进各类生产要素自由流动，保障各类市场主体公平参与市场竞争。二是建立助力企业长效机制，降低涉企全周期的办事成本，服务于企业成长。

第二部分

“放管服”改革十年建设进展

市场准入环境建设调查报告*

本部分从市场主体的视角出发，基于 2018~2022 年连续五年的实地调查访谈，聚焦企业办理营业执照、办理各类许可证或涉证事项这一关键环节，考察我国市场准入环境建设的最新进展和问题。

一　市场主体办理营业执照的现状

（一）登记注册耗时五年缩短37%，2022年降至4.4天

2018~2022 年的调查数据显示，我国企业登记注册所需时间持续缩短。调查中，调查员访谈市场主体“企业注册成立时，完成企业注册（拿到营业执照）所需的时长为多少”。本报告基于市场主体登记注册年份、登记注册所需时间的访谈数据，计算每年新登记注册的市场主体完成登记注册所需平均时间。如图 1 所示，2018~2022 年，市场主体登记注册所需时间持续下降，2022 年全国市场主体登记注册平均所需时间为 4.4 天，与 2018 年的 7.0 天相比缩短了 37%，降幅明显。

调查中，市场主体对于登记注册环节的反馈意见普遍比较积极。比如，在新疆乌鲁木齐，不少市场主体表示，“现在‘三证合一’比以前方便多了”“办理执照 1~2 个工作日就可以搞定”。湖南株洲一

---

* 执笔人：庄锡怡、吕大兴。

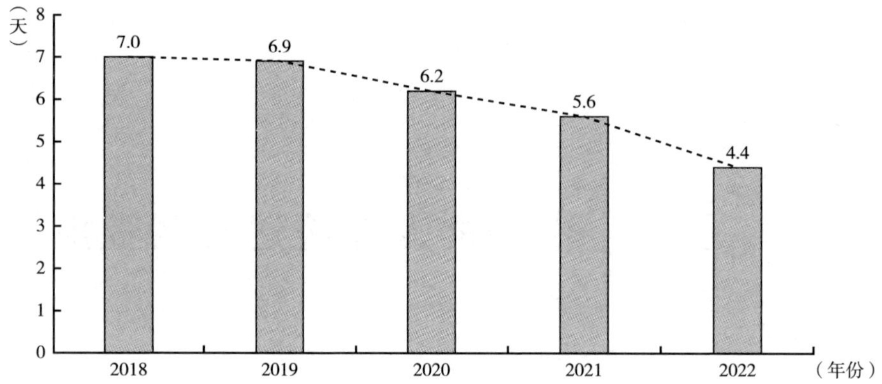

图 1　2018~2022 年市场主体登记注册所需时间

位来办理营业执照的市场主体提到，“实行证照分离后，现在只要到工商（市场监管）部门领取一个营业执照就行”。在广东省韶关市，也有不少市场主体表示，“办照（营业执照）是很快啊，一天就能拿到手”。

（二）“一天注册”比例五年提升7个百分点，2022年为27%

2018~2022 年调查数据显示，“一天注册”市场主体占比呈上升趋势。本报告基于市场主体登记注册年份、登记注册时所需时间的访谈数据，进一步计算一天完成登记注册的市场主体比例。如图 2 所示，“一天注册”的市场主体占比从 2018 年的 20%提升到 2022 年的 27%，2018~2022 年提升了 7 个百分点。

（三）登记注册所需窗口小幅减少，2022年为1.6个窗口

2018~2022 年调查数据显示，全国企业登记注册所需窗口数量小幅减少。调查中，调查员访谈市场主体“企业注册成立时，完成企业注册所需交涉和沟通的办事窗口数量有多少”。本报告基于市场主体登记注册年份、登记注册时所需打交道窗口数量的访谈数据，计算每年新登

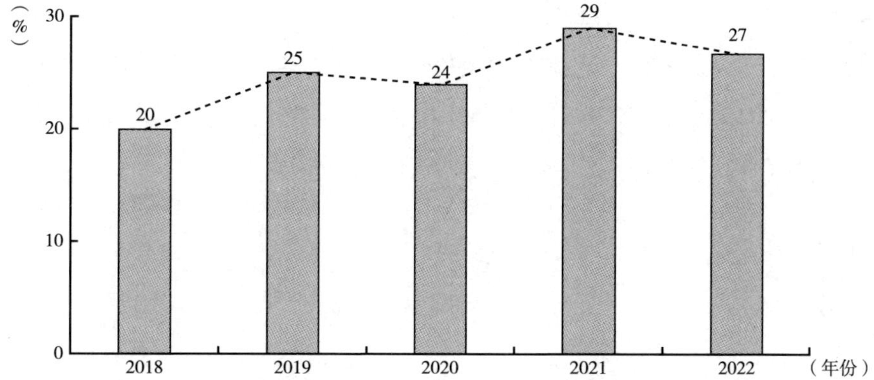

图 2　2018~2022 年市场主体一天完成登记注册的占比

记注册的市场主体完成登记注册平均所需打交道的窗口数量。如图 3 所示，2022 年市场主体登记注册所需窗口数为 1. 6 个，比 2020 年少 0. 1 个，比 2018 年少 0. 2 个，整体呈下降趋势。

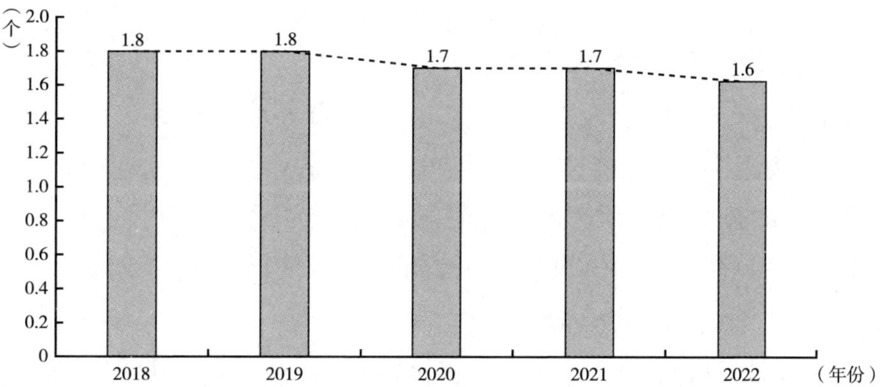

图 3　2018~2022 年市场主体登记注册所需窗口数

（四）“一窗注册”比例五年提升13个百分点，2022年达到64%

2018~2022 年，市场主体“一窗注册”比例逐步增长。本报告基于市场主体登记注册年份、登记注册时所需打交道窗口数量的访谈数据，进一步计算“一窗注册”的市场主体占比。如图 4 所示，2022 年市场主体“一窗注册”的比例为 64%，比 2021 年的 56%提高了 8 个百分点，比 2019 年和 2020 年的 55%提高了 9 个百分点，比 2018 年的 51%提高了 13 个百分点，取得了较为显著的进步。

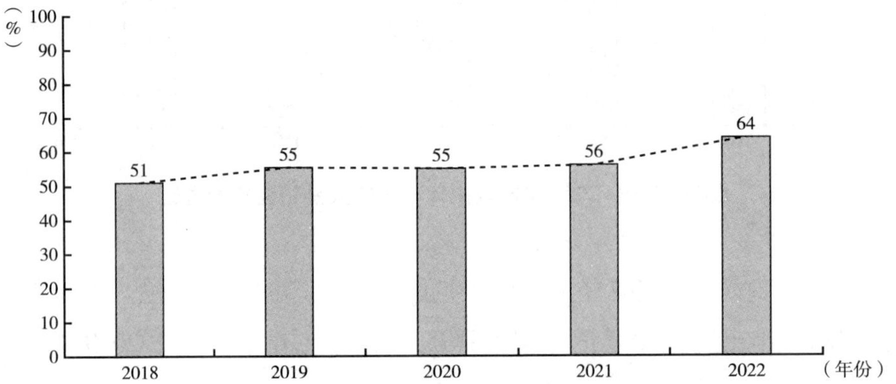

图 4　2018~2022 年“一窗注册”的市场主体占比

调查员在调查过程中发现，大力推广“一窗综办”已经是各地政务服务中心的普遍做法。在东部，广东省各地的政务大厅都设有“企业一窗通”“企业专窗”，提供一站式服务；江苏省宿迁市宿城和宿豫两区的政务服务中心大厅里普遍都是一窗综办的窗口；在中部，湖南省株洲市天元区政务大厅设置的“一窗通办”综合办理窗口不仅能够实现跨部门业务通办，甚至可以跨市跨省通办，为市场主体提供了便利。在调查中，市场主体普遍都对“一窗综办”的做法表示满意。比如深圳的市场主体表示，“等待时间比较短，半个小时左右就可以解决问题，基本上在一个窗口‘企业一窗通’就能完成办理”。天津的市场主体也有同样的感受，“每次办事的时间都在半小时到一小时内，不需要来回跑，基本上一个综合受理窗口就能够办理完事务”。

二 市场主体办理许可证的现状

（一）企业办证数量开始下降，2022年平均办1.6个证

2018~2022 年调查数据显示，企业平均办理许可证数量呈下降趋势。调查中，调查员访谈市场主体“企业在开始营业前，大致办了多少证”。本报告基于市场主体登记注册年份、登记注册时所需办理许可证数量的访谈数据，计算每年新登记注册的市场主体平均所需办证（或涉证事项）数量。如图 5 所示，2018 年，企业开办平均所需办理许可证（或涉证事项）数量为 2. 0 个，2019~2021 年平均办证数量下降至 1. 8 个，2022 年突破了三年的瓶颈期，进一步下降为 1. 6 个。

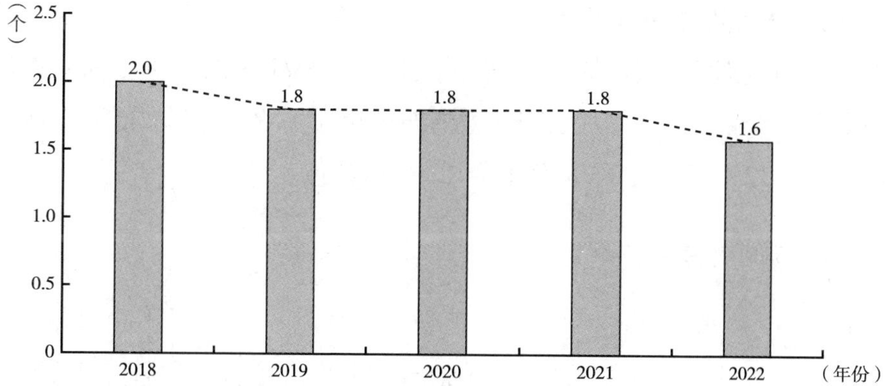

图 5 2018~2022 年登记注册的市场主体平均办理许可证（或涉证事项）数量

（二）企业对税务部门减证工作最认可

调查中，调查员访谈市场主体“您认为相对于上年，所在行业所需办理的许可证（或涉证事项）增加、减少还是不变”。对于认为许可证数量增加的市场主体，调查员进一步询问“您所在行业增加的许可

证（或涉证事项）类别是什么”，从而针对每一类许可证（或涉证事项）计算认为其增加的市场主体占比。同理，对于认为许可证（或涉证事项）所需数量减少的市场主体，调查员进一步询问“您所在行业减少的许可证（或涉证事项）类别是什么”，并针对每一类许可证（或涉证事项）计算认为其减少的市场主体占比。将两个比例相减，即可计算市场主体认为相关证件“净增加”的比例。“净增加”的比例越低，说明市场主体对该部门的减证工作认可度越高。

企业对不同部门的减证获得感存在结构性差异。如图 6 所示，2022 年，税务、食品以及银行的“净增加”比例最低，意味着市场主体对这三个部门的减证认可最高。与上年相比，食品、消防和卫生部门“净增加”的比例下降幅度最大，意味着在市场主体眼中，这三个部门的减证工作进展最明显。具体来看，食品相关证件（或涉证事项）的“净增加”比例由 2021 年的 10%下降为-7%，降低了 17 个百分点；消防证件（或涉证事项）的“净增加”比例由 2021 年的 16%下降为 2%，降低了 14 个百分点；卫生证件（或涉证事项）的“净增加”比例由 2021 年的 12%下降为 0%，降低了 12 个百分点。

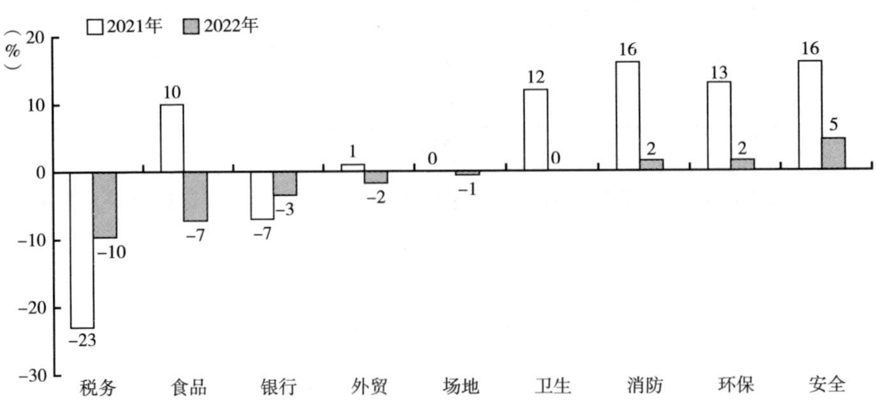

图 6　2021 年和 2022 年认为所需相关证件（或涉证事项）“净增加”的比例

市场主体认可度的结构性差异源于各部门改革进展的结构性差异。2021 年 10 月，国家税务总局发布《关于进一步深化税务领域“放管服”改革培育和激发市场主体活力若干措施的通知》，指出要持续推进减证便企利民，为市场主体松绑减负。从实践看，近两年税务部门的证照减免认可度一直居首位，与税务领域“放管服”改革实践是一致的。在食品相关证件方面，2022 年 10 月，国家市场监管总局发布《食品生产许可审查通则（2022 版）》，新版的审查通则修订了食品审查和许可证办理流程优化方面的内容。从调查数据上看，认为食品类证件（或涉证事项）“净增加”的市场主体比例由 2021 年的 10%变为 2022 年的“净下降”7%，进步最明显。

（三）企业减证获得感指数呈下滑趋势，2022年降至49%

2018~2021 年企业减证获得感指数持续下降。调查中，调查员访谈市场主体“您所在企业办理许可证的数量如何变化”，按照市场主体的回答划分为“数量减少”“数量不变”“数量增加”三类，计算减证获得感指数。如图 7 所示，2022 年市场主体减证获得感指数为 49%，比 2021 年的 48%增加 1 个百分点，比 2020 年的 51%减少 2 个百分点，比 2019 年的 52%减少 3 个百分点，比 2018 年的 61%减少 12 个百分点。从构成来看，如图 8 所示，减证获得感的下降主要源于认为许可证数量下降的市场主体占比逐步减少，由 2018 年的 37%下降至 2022 年的 15%，降低了 22 个百分点。需要说明的是，减证获得感指数的降低不代表市场主体不认可减证工作，因为随着减证工作持续推进，许可证减少的空间必然越来越小，所以从市场主体的主观感受来看，获得感可能会随之逐年下降。

从行业来看，近两年服务业减证获得感高于其他行业。本报告按照市场主体的行业分类，分别计算工业建筑业、服务业、新兴行业市场主体的减证获得感指数。如图 9 所示，从不同行业来看，2021~2022 年服务业减证获得感指数高于其他行业。2021 年，服务业减证获得感指数

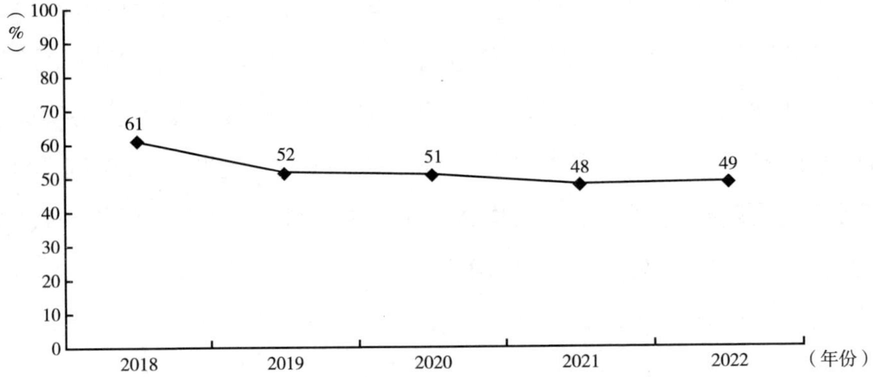

图 7　2018~2022 年减证获得感指数

注：减证获得感指数采用扩散指数法进行计算，即计算许可证“数量减少”“数量不变”“数量增加”三个选项占比，分别赋予权重为 1、0.5、0，将各项的占比与相应的权重相乘，再相加得出最终的指数。所有指数取值范围为 0~100%。

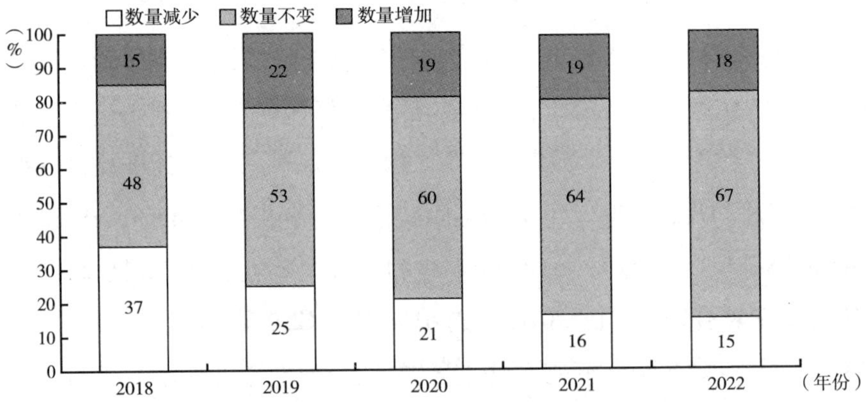

图 8　2018~2022 年许可证数量变化情况

为 50%，比工业建筑业的 49%高 1 个百分点，比新兴行业的 45%高 5 个百分点。2022 年，服务业减证获得感指数为 49%，比工业建筑业和新兴行业的 47%高 2 个百分点。

从规模来看，小微企业减证获得感高于大中型企业。本报告按照市场主体的规模分类，计算小微企业与大中型企业的减证获得感指数。如图 10 所示，2018~2020 年小微企业的减证获得感指数与大中型企业相近；

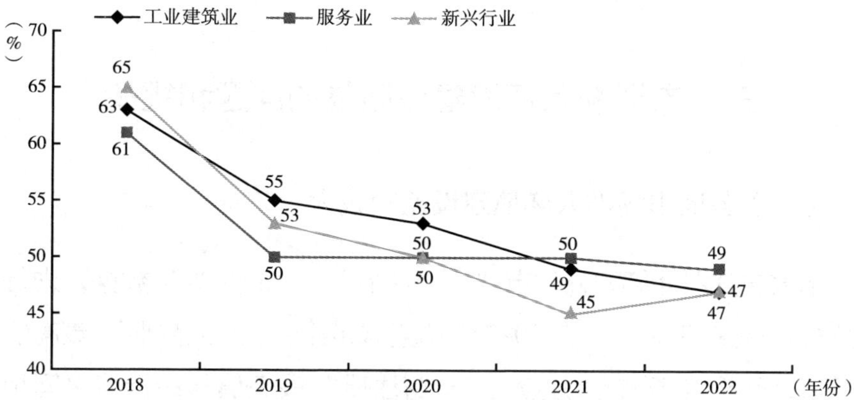

图 9　2018~2022 年按行业划分的减证获得感指数

注：减证获得感指数采用扩散指数法进行计算，即计算许可证“数量减少”“数量不变”“数量增加”三个选项占比，分别赋予权重为 1、0.5、0，将各项的占比与相应的权重相乘，再相加得出最终的指数。所有指数取值范围为 0~100%。

2021~2022 年小微企业减证获得感指数高于大中型企业，其中 2021 年小微企业减证获得感指数为 51%，比大中型企业的 41%高 10 个百分点，2022 年小微企业的减证获得感指数为 49%，比大中型企业的 46%高 3 个百分点。

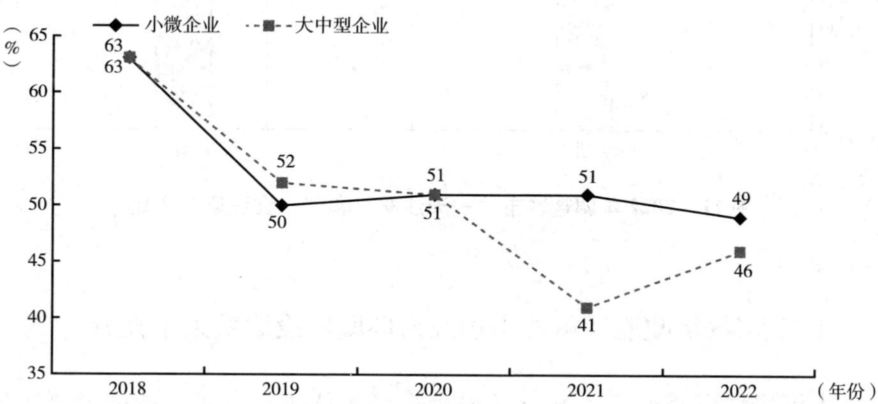

图 10　2018~2022 年按规模划分的企业减证获得感指数

注：①减证获得感指数采用扩散指数法进行计算，即计算许可证“数量减少”“数量不变”“数量增加”三个选项占比，分别赋予权重为 1、0.5、0，将各项的占比与相应的权重相乘，再相加得出最终的指数。所有指数取值范围在 0~100%之间。②本报告中，员工人数 10 人以下为微型；10~100 人为小型；100 人以上为大中型。

三　市场准入环境建设面临的问题和挑战

（一）各地市场准入环境建设差距较大

本报告分别计算调查省市“一天注册”“一窗注册”数据，进行比较分析。从图 11 来看，在 2022 年调查城市中，“一天注册”最高值与最低值之间相差 57 个百分点，“一窗注册”最高值与最低值之间相差 34 个百分点。这说明，尽管全国“一天注册”和“一窗注册”比例均有所提升，但地区间的改革进展不一，差距依然较大。

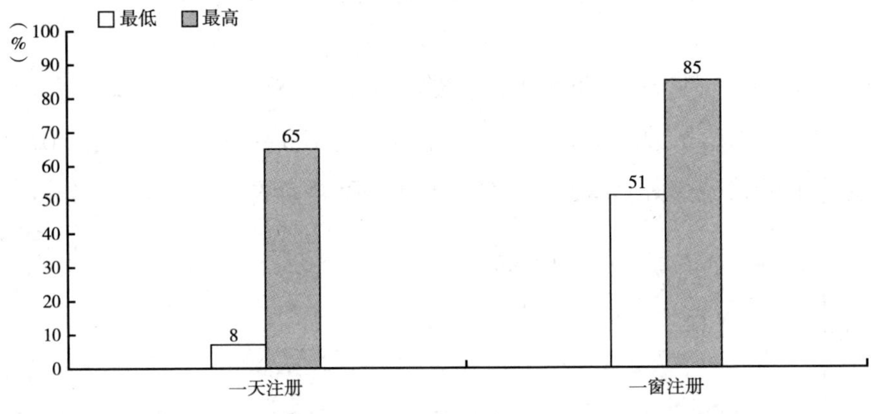

图 11　2022 年调查城市“一天注册”和“一窗注册”占比

（二）“数字政府”赋能市场准入环境建设的效果不充分

本报告按是否使用过数字政府对市场主体进行分类，比较两类市场主体的“一天注册”和“一窗注册”比例差异。如图 12 所示，没有使用过数字政府的市场主体“一天注册”率为 32%，比使用过数字政府的市场主体占比高 9 个百分点；没有使用过数字政府的市场主体“一窗注册”率为 68%，比使用过数字政府的市场主体占比高 7 个百分点。这说明，在市场准入环节上，数字政府对于提高“一天注册”率、“一窗注册”率的作用效果不够充分。

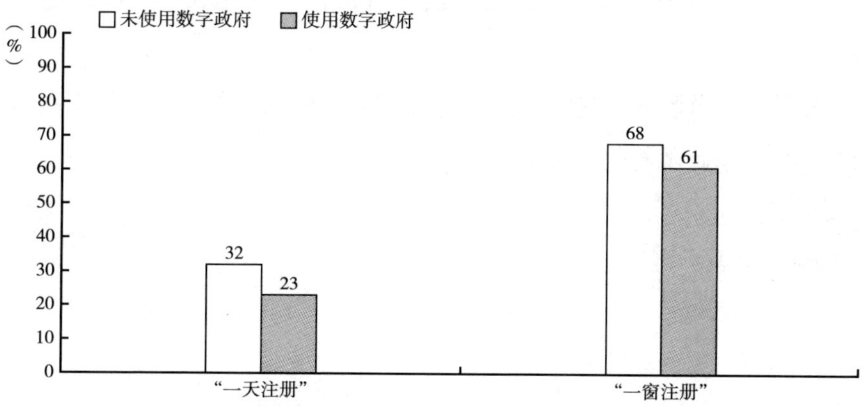

图 12　2022 年是否使用数字政府“一天注册”“一窗注册”市场主体占比

在调查中，也有不少市场主体反映数字政府的使用体验有待提高。在东北部某地，绝大部分使用过手机或者电脑办理业务的市场主体都觉得办事系统的体验不佳，“系统更新过后反而没有上个版本好用”，软件设施建设仍需加强。西部的市场主体表示，“网上办事也有不方便的地方，有些程序不太好用，比较复杂的业务我宁愿来现场处理”。在东部某地，市场主体也表示网站服务器运行常常会出现问题，给办事造成了不便。

四　小结

本部分基于实地调查，从市场主体的视角考察 2018~2022 年市场准入建设的进展、成效和问题。

第一，2018~2022 年，市场主体登记注册平均所需时间缩短了 2.6 天，所需要涉及的窗口数下降了 0.2 个，“一天注册”“一窗注册”比例稳步提升。

第二，市场主体注册登记平均办证数量减少了0.4个，市场主体对税务部门的减证获得感最高。

第三，从市场主体反馈来看，目前各地在市场准入环境建设方面的差距还比较大。

第四，从市场主体的反馈来看，在准入环节，数字政府的使用未能帮助市场主体显著降低办事成本。

市场监管环境建设调查报告*

本部分从市场主体的视角出发，考察全国市场监管工作的最新进展。现将2022年度调查的主要发现报告如下。

一　线下上门监管的现状

（一）2018~2022年市场主体被上门检查比例降低

2018~2022年市场主体被上门检查的占比先增后降。课题组访谈市场主体“在过去一年间，政府部门是否上门进行检查”，并计算被上门检查的市场主体占比。如图1所示，2018~2020年，被上门检查的市场主体占比逐年上升，分别为79%、81%和83%，平均超过八成；2021~2022年，随着国家市场监督管理总局决定将双随机抽查的比例从2019年的5.98%下调到3%，被上门检查的市场主体占比也显著下降，其中2021年为66%，2022年为68%，近两年较为稳定地压缩在七成以内，与前三年相比降幅较大。

（二）2018~2022年职能部门上门检查频次增长指数下降10个百分点

2019~2022年职能部门上门检查频次增长指数持续下降。在调

* 执笔人：原野、王昊松。

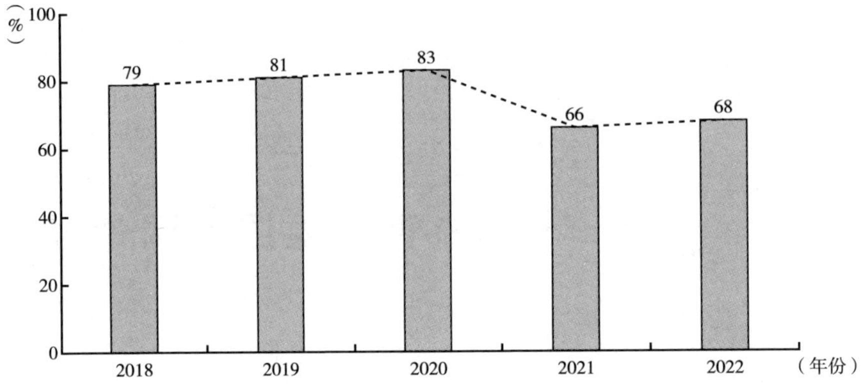

图1　2018~2022年被上门检查的市场主体占比

查中，调查员询问市场主体“政府部门上门检查贵企业的次数有何变化”，根据市场主体回答的“频次增加”、“频次不变”及“频次减少”占比计算出职能部门上门检查频次增长指数。如图2所示，2019~2022年职能部门上门检查频次增长指数持续下降，从2019年的55%下降至2021年的43%，2022年进一步降至41%。具体来看，如图3所示，2022年18%的市场主体表示检查的“频次增加”，47%的市场主体表示“频次不变”，3%的市场主体表示“频次减少”。

从行业类型来看，不同行业的职能部门上门检查频次增长指数差异不大。如图4所示，2022年工业建筑业、服务业、新兴行业的职能部门上门检查频次增长指数分别为42%、41%、42%，几乎没有差别。与上年相比，服务业的上门检查频次增长指数上升1个百分点，工业建筑业和新兴行业的上门检查频次增长指数则分别下降了7个百分点、4个百分点。

从规模来看，大中型企业的职能部门上门检查频次增长指数始终高于小微企业。如图5所示，2022年，大中型、小型、微型企业的职能部门上门检查频次增长指数分别为54%、41%和36%，企业规模越大，

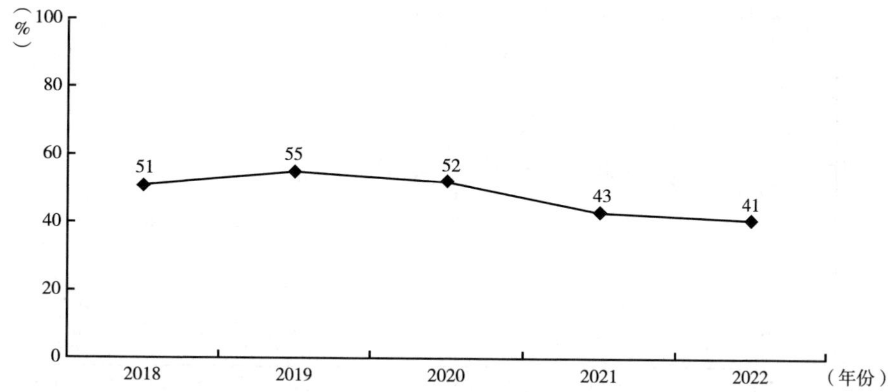

图 2　职能部门上门检查频次增长指数

注：上门检查频次增长指数采用扩散指数法进行计算，即计算“频次增加”“频次不变”“频次减少”三个选项占比，分别赋予权重为 1、0.5、0，将各项的占比与相应的权重相乘，再相加得出最终的指数。所有指数取值范围为 0~100%。

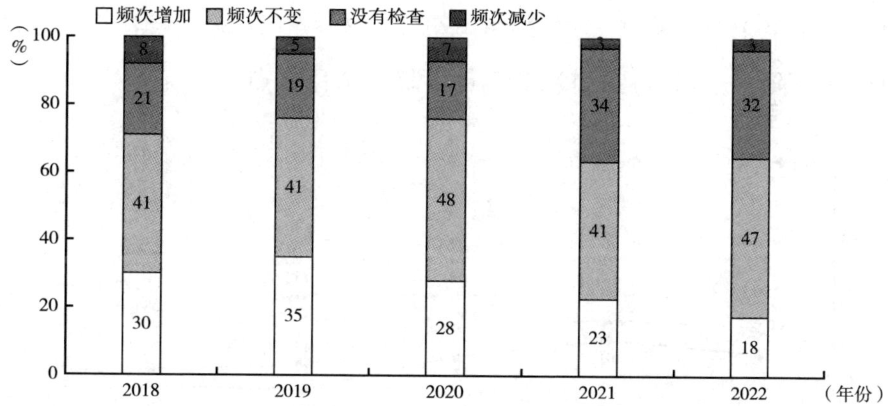

图 3　职能部门上门检查频次占比

被上门检查频次增长指数越高；从五年整体来看，大中型企业的职能部门上门检查频次增长指数一直比小型企业高 7~21 个百分点，比微型企业高 14~28 个百分点。从变化趋势来看，不同规模企业被上门检查频次增长指数均下降，2022 年微型企业的政府上门检查频次增长指数较 2021 年上升 1 个百分点，较 2018 年下降 10 个百分点；小型企业较

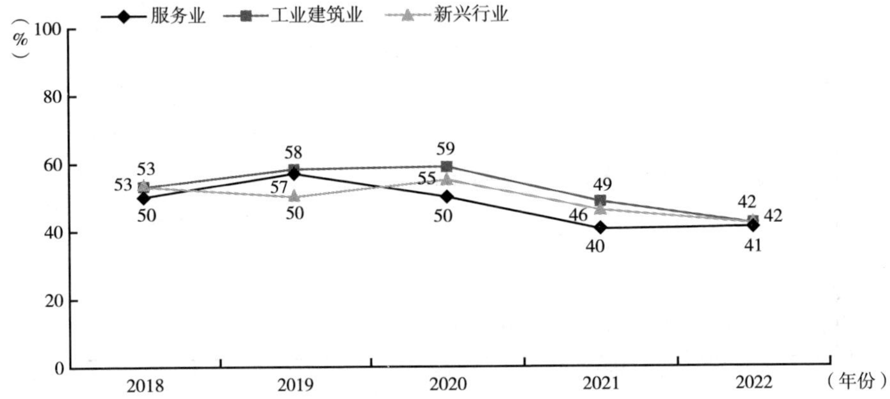

图 4　2018~2022 年不同行业职能部门上门检查频次增长指数

注：上门检查频次增长指数采用扩散指数法进行计算，即计算“频次增加”“频次不变”“频次减少”三个选项占比，分别赋予权重为 1、0.5、0，将各项的占比与相应的权重相乘，再相加得出最终的指数。所有指数取值范围为 0~100%。

2021 年下降 1 个百分点，较 2018 年下降 13 个百分点；大中型企业较 2021 年下降 9 个百分点，较 2018 年下降 7 个百分点。

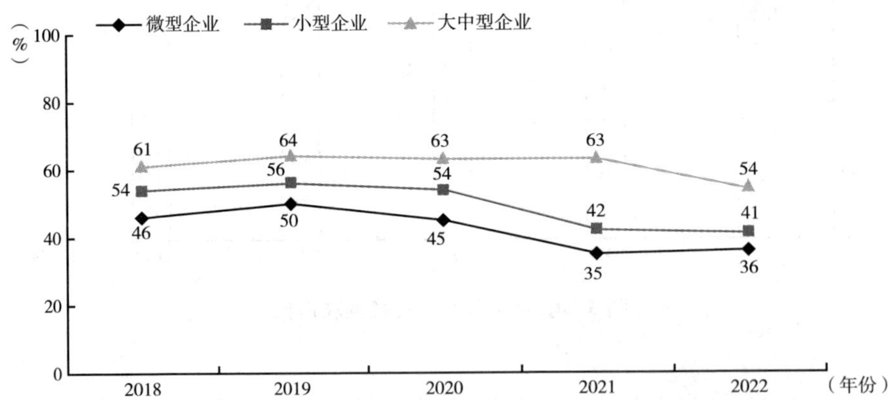

图 5　2018~2022 年按企业规模划分的被上门检查频次增长指数

注：①报告将员工规模 10 人及以下的定义为微型市场主体，10~100 人的为小型市场主体，100 人以上的为大中型市场主体。②上门检查频次增长指数采用扩散指数法进行计算，即计算“频次增加”“频次不变”“频次减少”三个选项占比，分别赋予权重为 1、0.5、0，将各项的占比与相应的权重相乘，再相加得出最终的指数。所有指数取值范围为 0~100%。

（三）2018～2022年政府上门检查部门数量增长指数下降7个百分点

2018～2022 年，政府上门检查部门数量增长指数先升后降。调查员访谈市场主体“在过去一年间，来贵企业检查的政府部门的数量如何变化”，根据市场主体回答“数量增加”、“数量减少”与“数量不变”的占比，可计算出政府上门检查部门数量增长指数，如图 6 所示，2018 年政府上门检查部门数量增长指数为 47%，2019 年上升至 50%，2020 年开始下降至 48%，2021 年进一步下降至 39%，2022 年为 40%。具体来看，如图 7 所示，2022 年有 14%的市场主体表示来企业检查的政府部门数量增加，较 2021 年下降 1 个百分点；有 52%的市场主体表示数量不变，较 2021 年增长 3 个百分点；仅 2%的市场主体表示数量减少，与 2021 年保持一致。

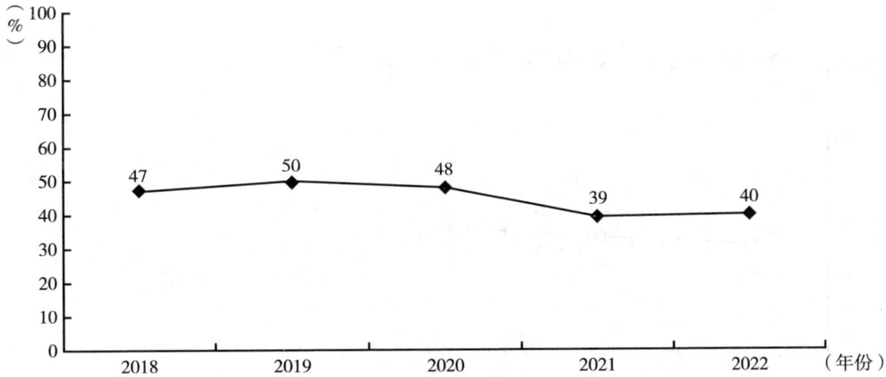

图 6　上门检查部门数量增长指数

注：上门检查部门数量增长指数采用扩散指数法进行计算，即计算“数量增加”“数量不变”“数量减少”三个选项占比，分别赋予权重为 1、0.5、0，将各项的占比与相应的权重相乘，再相加得出最终的指数。所有指数取值范围为 0～100%。

从不同行业看，2022 年各行业上门检查部门数量增长指数均在 40%左右，相差不大。如图 8 所示，2022 年，工业建筑业、服务业、新

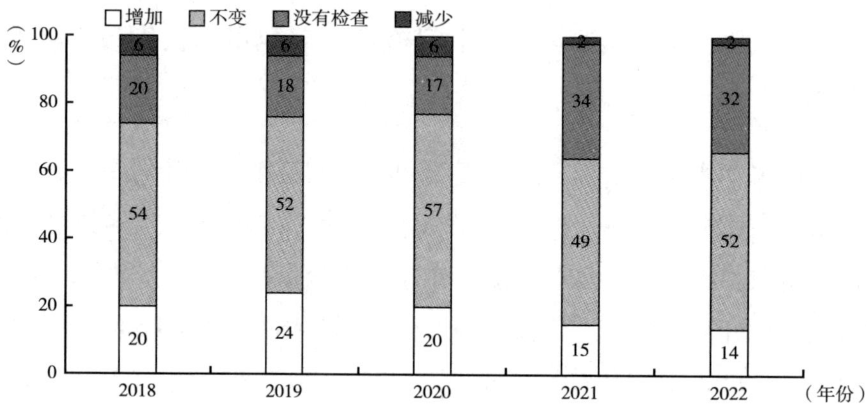

图 7　上门检查部门数量变化

兴行业的政府上门检查部门数量增长指数分别为 42%、39%、41%，相差不大。从变化趋势来看，2018~2020 年各行业上门检查部门数量增长指数总体呈上升趋势，2020~2022 年三个行业上门检查部门数量增长指数呈现下降趋势，并逐渐趋同至 40%左右。

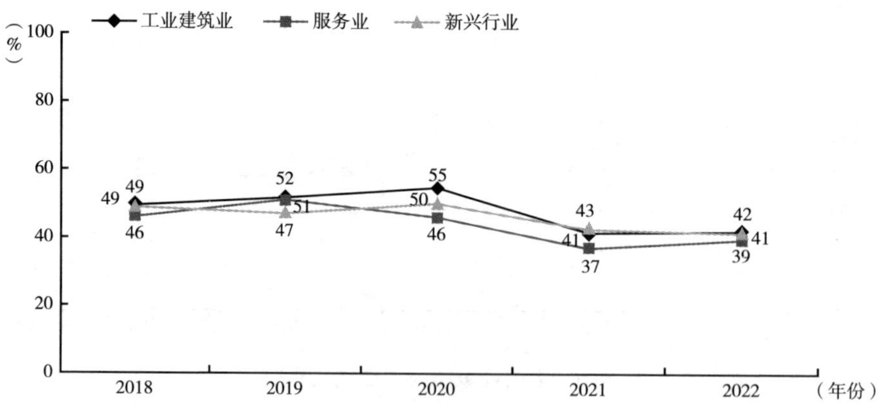

图 8　2018~2022 年按行业划分上门检查部门数量增长指数

注：上门检查部门数量增长指数采用扩散指数法进行计算，即计算“数量增加”“数量不变”“数量减少”三个选项占比，分别赋予权重为 1、0.5、0，将各项的占比与相应的权重相乘，再相加得出最终的指数。所有指数取值范围为 0~100%。

从企业规模看，大中型企业上门检查部门数量增长指数始终高于小微企业。如图 9 所示，2022 年，大中型、小型、微型企业的上门检查部门数量增长指数分别为 52%、39%和 35%，企业规模越大，上门检查部门数量增长指数越高；从整体来看，2018~2022 年，大中型企业上门检查部门数量增长指数一直比小型企业高 6~19 个百分点，比微型企业高 12~25 个百分点。从变化趋势来看，微型企业和小型企业上门检查部门数量增长指数在 2020 年以后出现明显下降，其中 2022 年微型企业上门检查部门数量增长指数较 2020 年下降了 7 个百分点，小型企业上门检查部门数量增长指数较 2020 年下降了 11 个百分点。

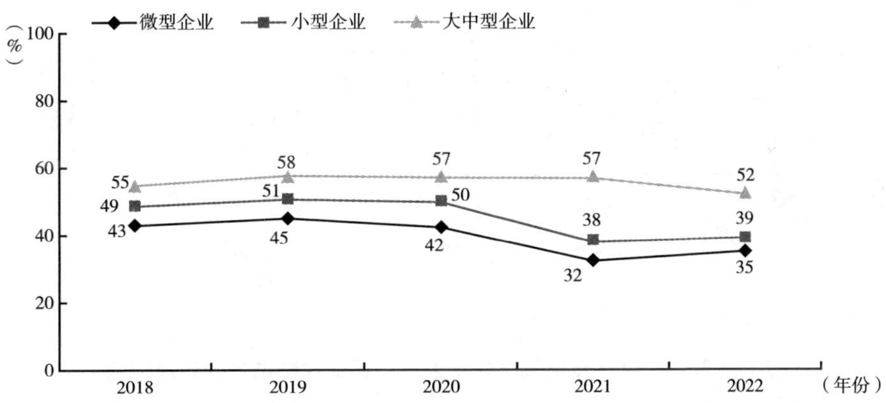

图 9　不同规模企业政府上门检查部门数量增长指数

注：①报告将员工规模 10 人及 10 人以下的定义为微型市场主体，10~100 人的为小型市场主体，100 人以上的为大中型市场主体。②上门检查部门数量增长指数采用扩散指数法进行计算，即计算“频次增加”“频次不变”“频次减少”三个选项占比，分别赋予权重为 1、0.5、0，将各项的占比与相应的权重相乘，再相加得出最终的指数。所有指数取值范围为 0~100%。

（四）2022年，市场主体认为市场监管局、应急管理局、卫健委检查次数增加的比例最高

在调查中，调查员访谈市场主体“在过去一年间，来贵企业检查

次数增加的政府部门是哪个部门”，基于此计算各个部门得票率。结果如图 10 所示，认为市场监管局上门检查次数增加的市场主体最多，占比为 29%，相较 2021 年增加了 1 个百分点；其次，有 15%的市场主体认为应急管理局上门检查的次数增加，14%的市场主体认为卫健委上门检查的次数增加。

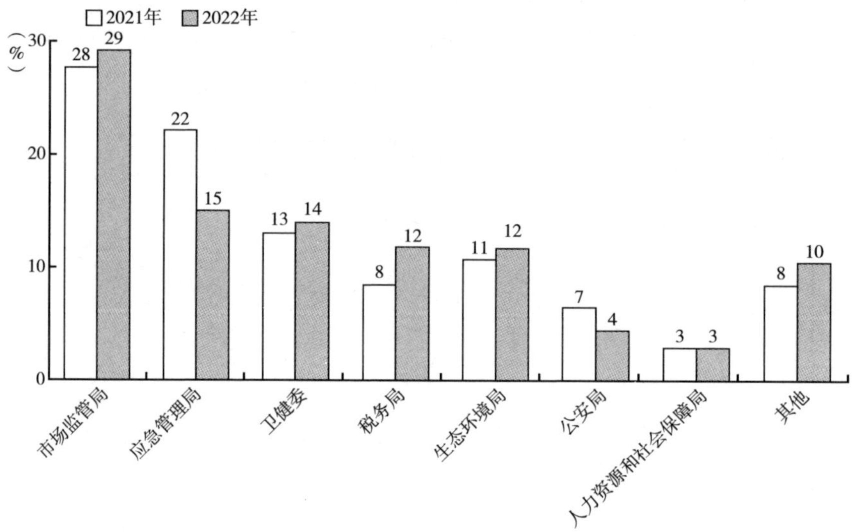

图 10　2021~2022 年市场主体认为上门检查次数增加的政府部门

从不同行业来看，认为市场监管局上门检查次数增加的市场主体都是最多的。如图 11 所示，服务业、新兴行业、工业建筑业市场主体认为市场监管局检查次数增加的比例分别为 31%、29%、24%，服务业市场主体认为市场监管局检查次数增加的比例最高。

（五）2022年97%的市场主体认为政府上门检查的处理结果合理或比较合理

绝大部分的市场主体认可政府上门检查的处理结果。在调查中，调查员访谈市场主体“在过去一年间，您认为政府部门的检查处理是否合理”，将市场主体对上门检查处理结果的主观感受分为“合理”“比

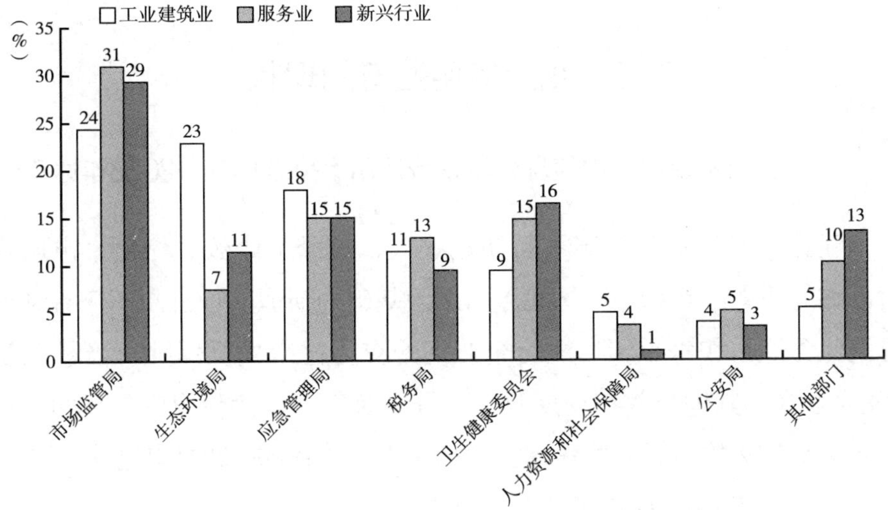

图 11　分行业市场主体认为上门检查次数增加的政府部门

较合理”“不太合理”三种。如图 12 所示，2022 年受访市场主体中，70%认为政府上门检查的处理结果合理，较上年下降 2 个百分点；27%认为处理结果比较合理，较上年上升 3 个百分点。总体而言，2022 年有 97%的市场主体认为政府上门检查的处理结果合理或比较合理，比上年提升 1 个百分点。

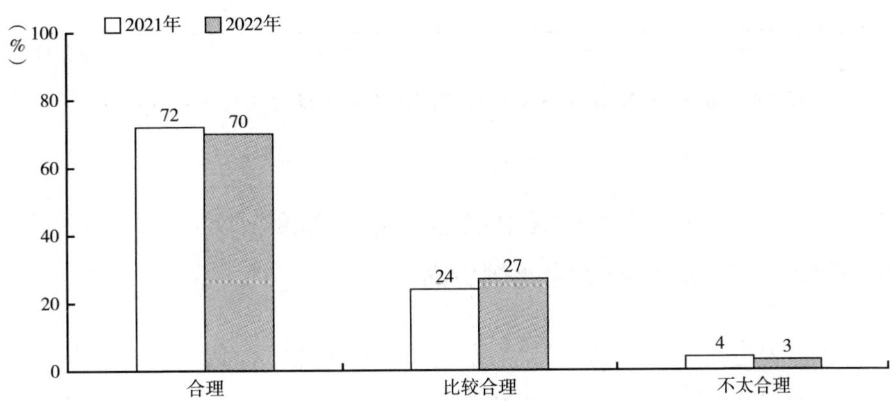

图 12　2021～2022 年市场主体认为政府上门检查结果的合理程度

二　线上信用监管的现状

（一）国家企业信用信息公示系统使用率持续提升，2022年达73%

随着“放管服”改革不断便利准入、市场主体数量倍增，市场监管面临的压力不断增加，构建以信用为基础的新型监管机制不仅有利于提高监管能力和水平，也能为企业间的交易往来提供保障。当被问及“贵企业在与其他企业打交道时，会查看对方的信用信息吗”，如图 13 所示，有 73%的市场主体表示会“查看”，该比例较 2021 年上升了 5 个百分点，比 2018 年提高了 7 个百分点。

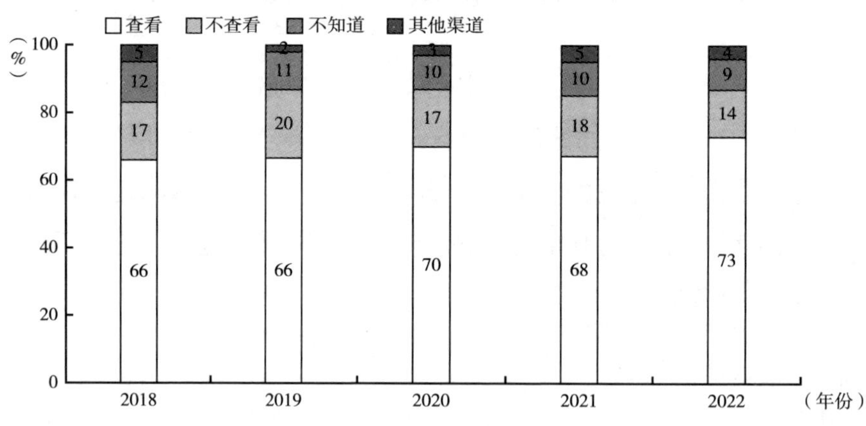

图 13　2018~2022 年市场主体使用国家企业信用信息公示系统情况

（二）查看国家企业信用信息公示系统的市场主体，员工增加、业绩提高、进行创新的比例更高

为考察是否查看交易对方信用信息与市场主体经营情况之间的相关性，本报告将市场主体分为“查看信用信息系统”和“不查看信用信息系统”两组，分别从员工数量、创新情况、经营业绩这三个方面进

行考察。

查看信用信息系统的市场主体中，员工数量增加的市场主体占比更高。如图 14 所示，在 2022 年查看信用信息系统的市场主体中，有 27%的市场主体员工数量增加，比不查看信用信息系统的市场主体高 5 个百分点。2019~2022 年，查看信用信息系统的市场主体员工数量增加的比例始终高于不查看信用信息系统的市场主体，平均而言要高 6 个百分点。

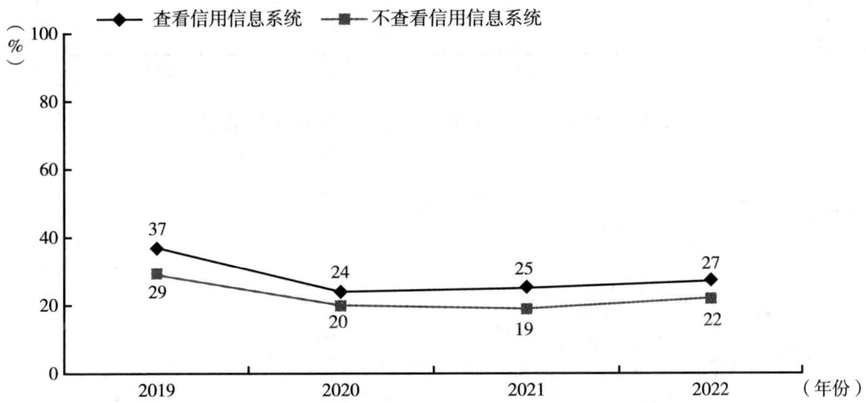

图 14　2019~2022 年员工数量增加的市场主体占比

注：由于 2018 年未访谈市场主体经营状况，故数据时间范围为 2019~2022 年。

查看信用信息系统的市场主体中，进行创新的企业比例更高。如图 15 所示，2022 年查看信用信息系统的市场主体中，有 41%的市场主体进行创新，比不查看信用信息系统的市场主体高 11 个百分点。2019~2022 年，查看信用信息系统的市场主体业绩提高的比例始终高于不查看信用信息系统的市场主体，平均而言要高 9 个百分点。

查看信用信息系统的市场主体中，业绩提高的市场主体占比更高。如图 16 所示，2022 年，查看信用信息系统的市场主体中，有 31%的市场主体业绩提高了，比不查看信用信息系统的市场主体高 7 个百分点。2019~2022 年，查看信用信息系统的市场主体业绩提高的比例始终高于不查看信用信息系统的市场主体，平均而言要高 7 个百分点。

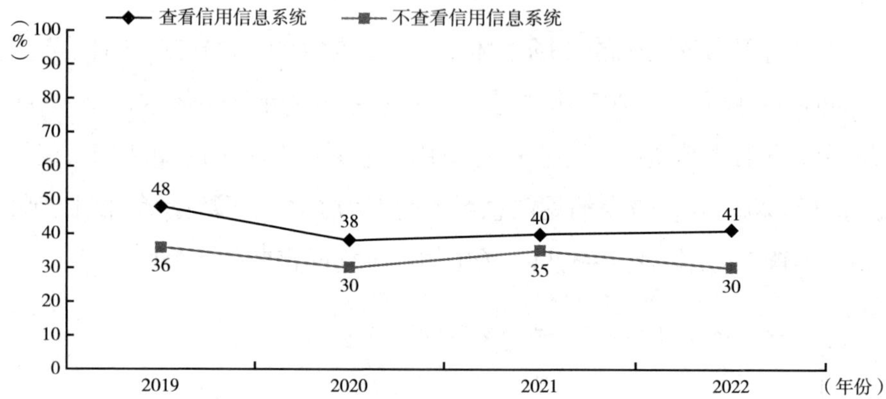

图 15　2019～2022 年进行创新的市场主体占比

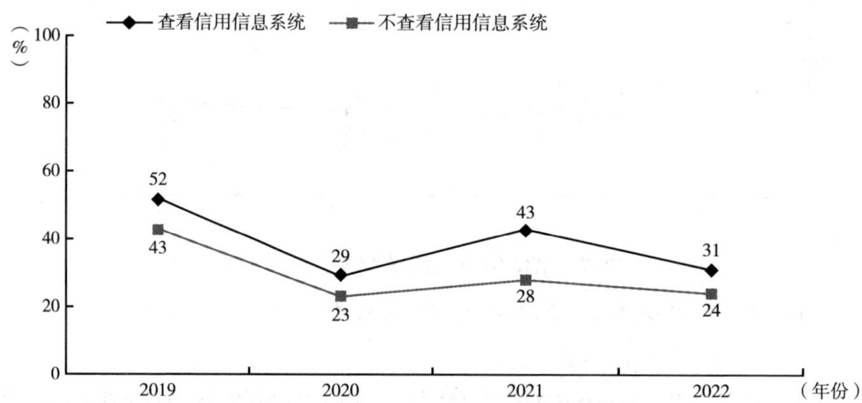

图 16　2019～2022 年业绩提高的市场主体占比

三　市场监管环境建设面临的问题和挑战

（一）国家企业信用信息公示系统使用率不充分，近三成企业不查看信用信息

整体而言，尽管有 73%的市场主体表示会在与其他企业打交道之

前通过国家企业信用信息公示系统查询对方的信用信息，但仍有 27%的企业表示不使用或不了解。其中，微型企业和农林牧渔业企业的使用率均低于 70%（见图 17、图 18），国家企业信用信息公示系统的普及推广还不充分。

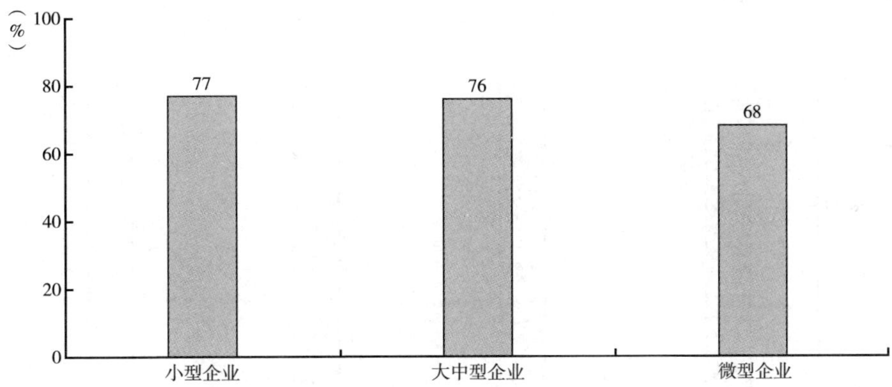

图 17　各规模企业使用信用信息公示系统的比例

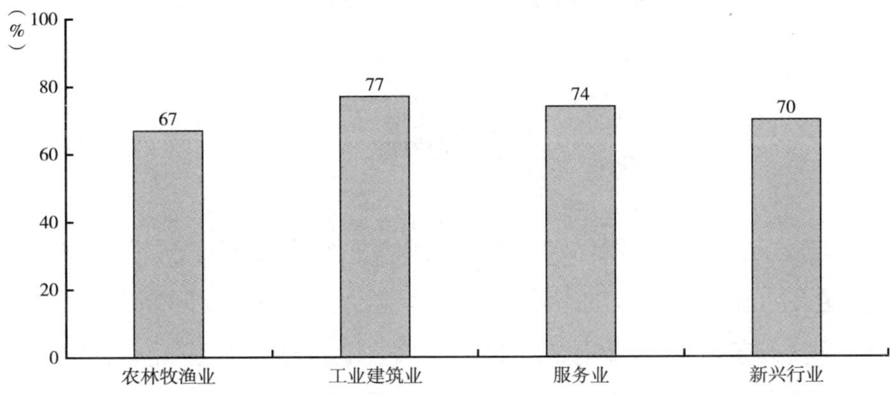

图 18　各行业企业使用信用信息公示系统的比例

（二）农林牧渔业对政府部门上门检查合理的认可度相对低

整体而言，尽管有 97%的市场主体认可政府部门上门检查处理结果合理或比较合理，但不同行业之间存在差异。如图 19 所示，服务业认为检查处理结果合理或比较合理的比例最高，为 98%；工业建筑业和新兴行业次之，为 96%；农林牧渔业最低，为 91%，与服务业相比低了 7 个百分点。这表明，农林牧渔业市场主体对政府上门检查处理结果的认可度相对低。

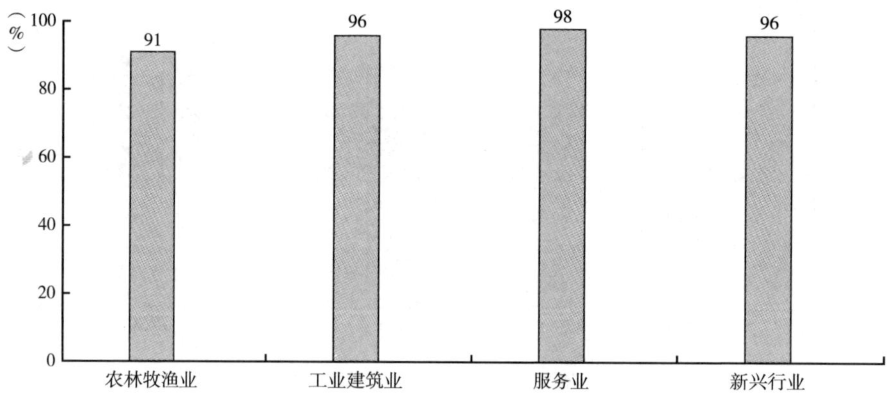

图 19　各行业认为政府部门检查合理的市场主体占比

四　小结

本部分从市场主体的视角出发，评价全国“线下+线上”市场监管环境建设的进展以及全国市场监管环境建设面临的主要问题。

第一，在线下监管上，2021～2022 年政府部门上门检查的比例、频次与检查的部门数量均开始下降，体现市场监管“无事不扰”新模式；97%的市场主体认为政府部门上门检查的处理结果合理或比较合理。

第二，在信用监管上，国家企业信用信息公示系统的使用率逐步提升至 73%；使用国家企业信用信息公示系统的市场主体相较于未使用的市场主体，员工增加、进行创新、业绩提高的比例均更高。

第三，从市场主体调查结果来看，微型企业和农林牧渔行业使用国家企业信用信息公示系统的比例相对低；农林牧渔业行业对于政府部门检查处理结果合理程度的认可度相对低。

政务服务中心建设调查报告*

本部分从市场主体需求侧的视角出发，考察全国线下政务服务建设的最新进展，现将 2022 年度调查的主要发现报告如下。

一　政务服务中心硬件建设的现状

（一）进驻部门集中，2022年平均进驻部门23.5个

实行政务服务集中办理是提升政务服务效率的重要举措。在调查中，调查员实地统计了各个政务服务大厅进驻部门数量。如图 1 所示，2018~2022 年政务服务大厅进驻部门数量平均分别为 20.0 个、19.2 个、18.7 个、27.0 个和 23.5 个，整体保持在 20 个左右。

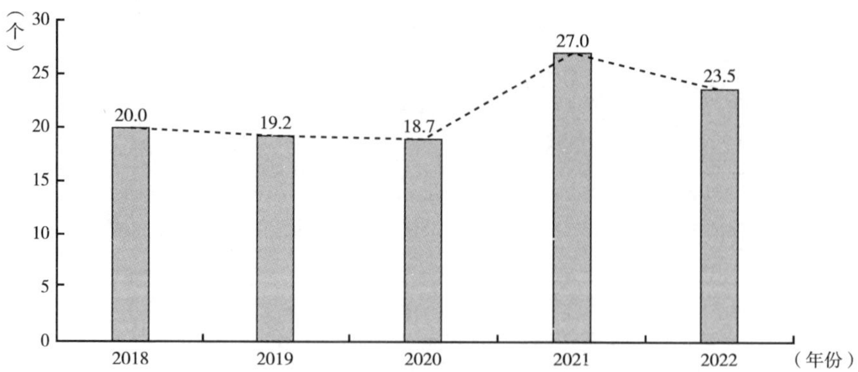

图 1　2018~2022 年线下政务服务大厅平均进驻部门数量

* 执笔人：付玉涵、周荃。

（二）办事环境舒适，硬件设施配备率接近100%

本报告所称线下政务服务大厅硬件设施包括等候区休息座椅、取号机、卫生间、空调（或暖气）等基础设施。从历年实地调研的政务服务大厅来看，如图 2 所示，全国线下政务服务大厅的空调或暖气配备率 2018~2022 年均保持在 95%及以上，接近 100%。如图 3 所示，线下政务服务大厅有卫生间的比例 2018~2022 年均保持在 97%以上，接近 100%。如图 4 所示，政务服务大厅有取号机的比例在 2018~2022 年逐年稳步上升，2022 年有取号机的比例达到 96%，比 2018 年提高了 16 个百分点。如图 5 所示，政务服务大厅等候区配备座椅的比例 2018~2022 年均保持在 98%及以上，并且 2021 年、2022 年连续两年保持在 100%。

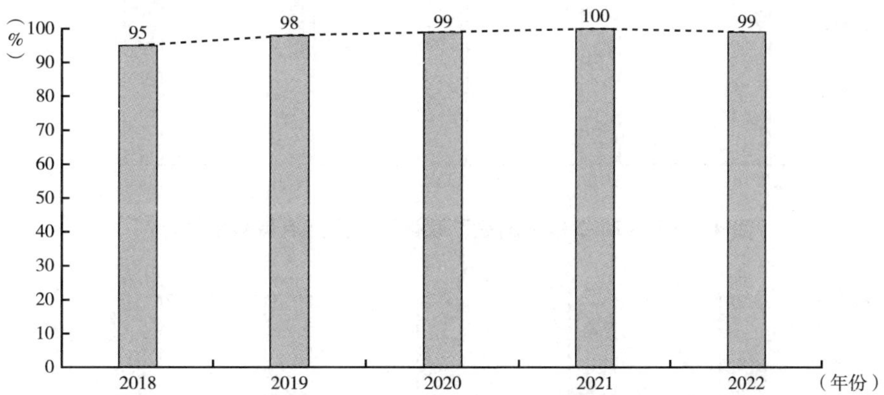

图 2　2018~2022 年全国线下政务服务大厅有空调或暖气的比例

（三）办事工具齐备，效能设施配备率整体提升

本报告将复印打印设备、材料填写模板、照相设备等统称为效能设施。从 2018~2022 年实地调研的政务服务大厅来看，如图 6 所示，2022 年

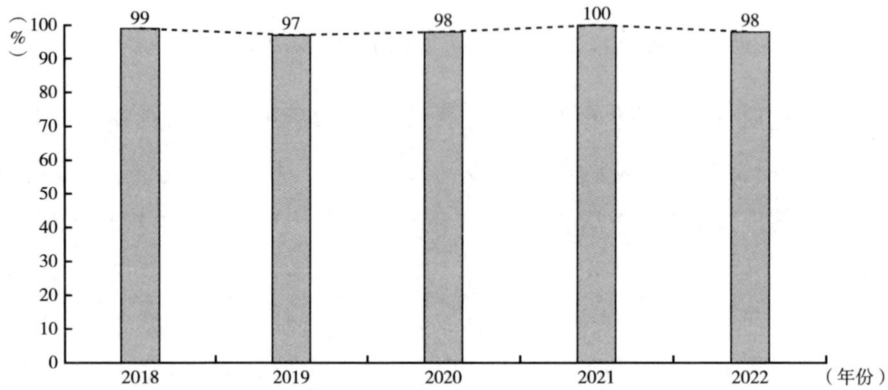

图 3　2018~2022 年全国线下政务服务大厅有卫生间的比例

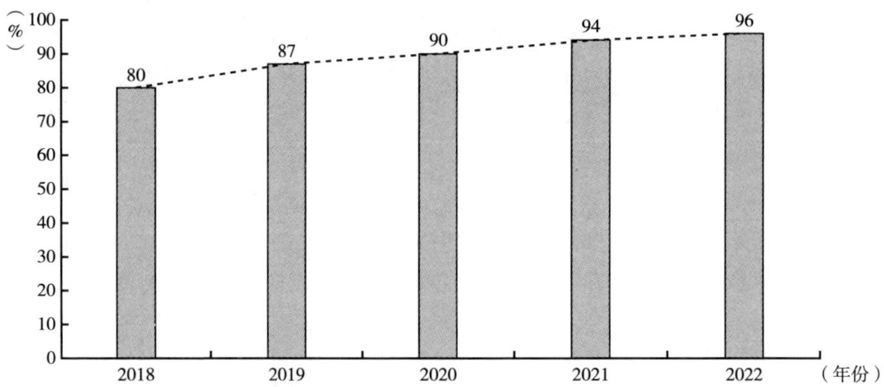

图 4　2018~2022 年全国线下政务服务大厅有取号机的比例

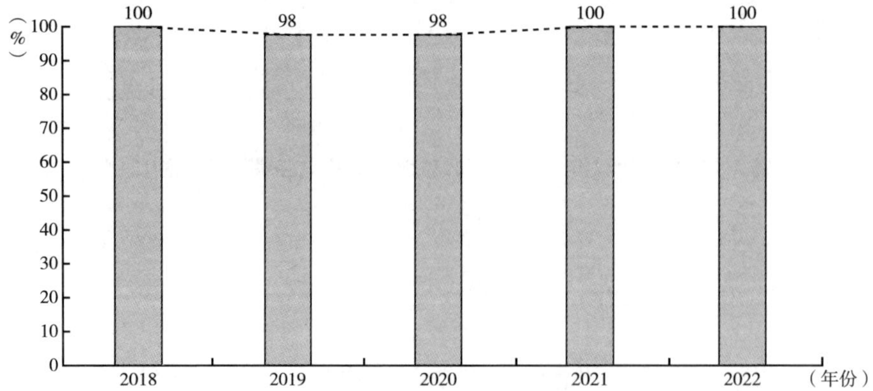

图 5　2018~2022 年全国线下政务服务大厅有休息座椅的比例

有复印或打印服务的政务服务大厅比例为 95%，2020~2022 年均保持在 90%以上。如图 7 所示，政务服务大厅有填写模板的比例 2018~2022 年总体呈上升趋势，2022 年为 82%，较 2018 年上升了 10 个百分点。如图 8 所示，政务服务大厅有照相设备的比例 2018~2022 年整体上升，2022 年达到 62%，较 2018 年上升了 14 个百分点。

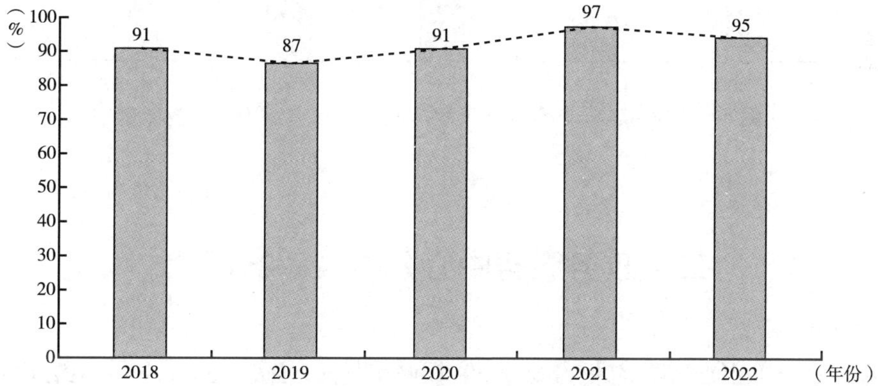

图 6　2018~2022 年全国线下政务服务大厅有复印或打印服务的比例

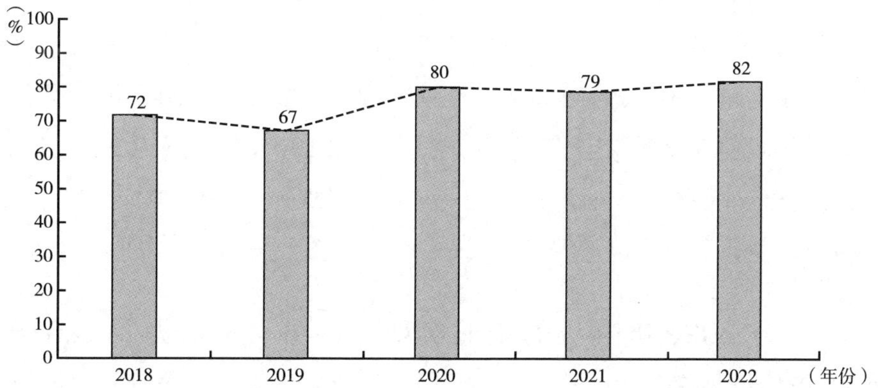

图 7　2018~2022 年全国线下政务服务大厅有填写模板的比例

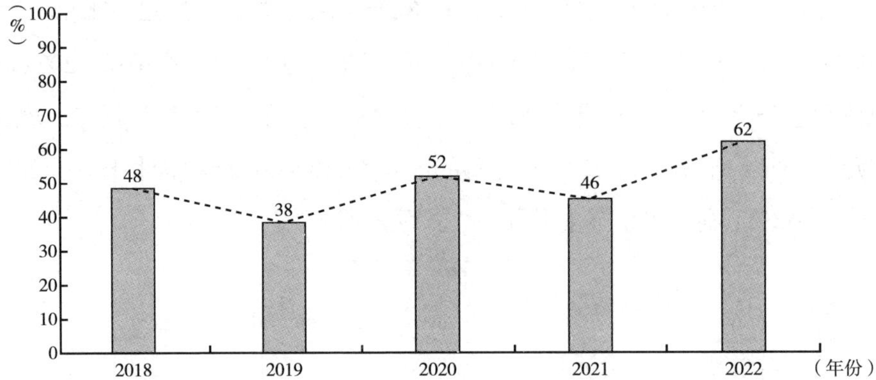

图 8　2018~2022 年全国线下政务服务大厅有照相设备的比例

二　政务服务中心办事效率的现状

(一)2022年企业办成一件事平均跑1.6次，2018~2022年持续减少

在调查中，调查员访谈市场主体“在过去半年中，您来这个办事大厅办成一件事大致需要跑几次”，如图 9 所示，2022 年市场主体办成一件事平均跑 1.6 次，与 2021 年平均跑 1.7 次相比下降 0.1 次，与 2020 年平均跑 1.8 次相比下降 0.2 次，与 2019 年平均跑 1.9 次相比下降 0.3 次，与 2018 年平均跑 2.3 次相比下降 0.7 次，整体呈现下降趋势。

(二)2022年54%的企业实现一件事“一次办”，2018~2022年持续提升

本报告根据市场主体的反馈，进一步计算办一件事只需要来线下办事大厅跑一次的市场主体占比。如图 10 所示，2022 年市场主体办成一件事只跑一次的比例为 54%，与 2021 年的 51%相比提高了 3 个百分点，

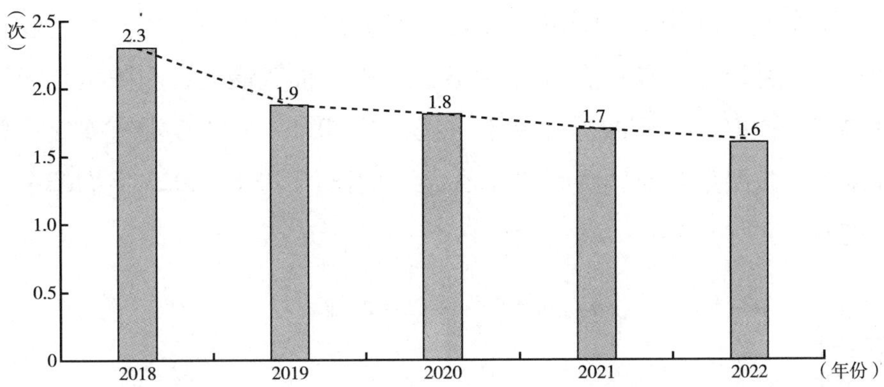

图 9　2018~2022 年市场主体办成一件事平均需要跑的次数

与 2020 年的 44%相比提高了 10 个百分点，与 2019 年的 42%相比提高了 12 个百分点，与 2018 年的 30%相比提高了 24 个百分点，整体呈现逐年上升的趋势。

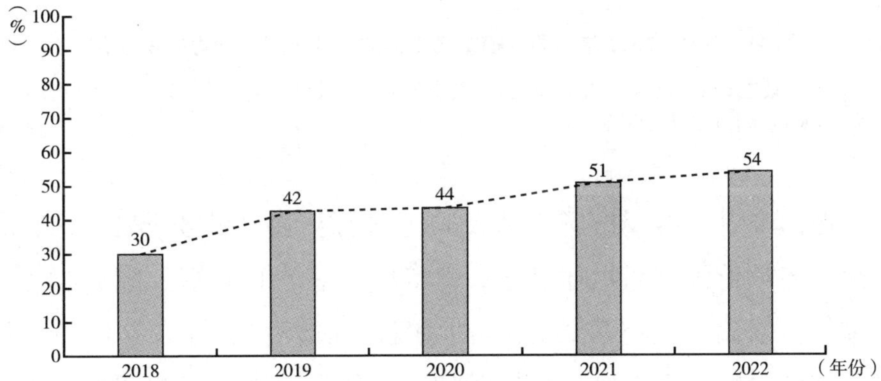

图 10　2018~2022 年市场主体实现一件事“一次办”比例

按企业规模划分，2018~2022 年各类企业一件事“一次办”的比例均呈上升趋势。如图 11 所示，2022 年大中型企业和微型企业“一次办”比例最高，为 55%；小型企业办成一件事只跑一次的比例为 53%，超过五成。从 2018~2022 年的调查结果来看，微型企业、小型企业、大中型企业一件事“一次办”的比例均逐年提高，其中小型企业从26%增长到53%，增加了27个百分点，提升幅度最大；而微型企业一件事“一次办”比例的提升趋于平缓，在2021~2022年没有变化。总体来看，微型企业的一件事“一次办”的比例2018~2022年均超全样本均值。

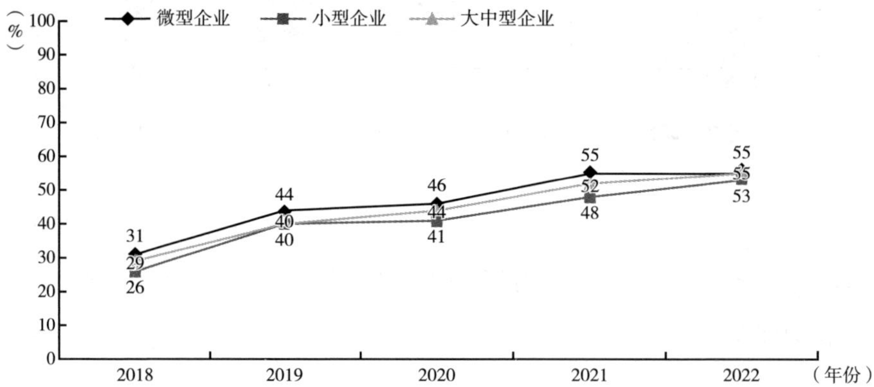

图11　2018~2022年不同规模市场主体的一件事“一次办”的比例

注：报告将员工规模10人及以下的市场主体定义为微型企业，10~100人的为小型企业，100人以上的为大中型企业。

在访谈中，不少市场主体反映办事需要跑的次数变少。例如，天津市多数受访市场主体表示，“每次办事的时间短、次数少，一个窗口可以搞定所有事情，办结时间公开透明”；在广东潮州，同样有市场主体表示“办事更加顺畅，需要多次来回奔波的情况大大减少”。

(三)2022年企业每次办事花费1.2个小时，2018~2022年小幅下降

在调查中，调查员采访市场主体“在过去半年中，除去交通往返时间，您每次来办事大厅办事要花费多长时间”。如图12所示，2022

年市场主体办一件事平均每次花费 1.2 个小时，较 2018 年减少了 0.2 个小时，小幅下降。

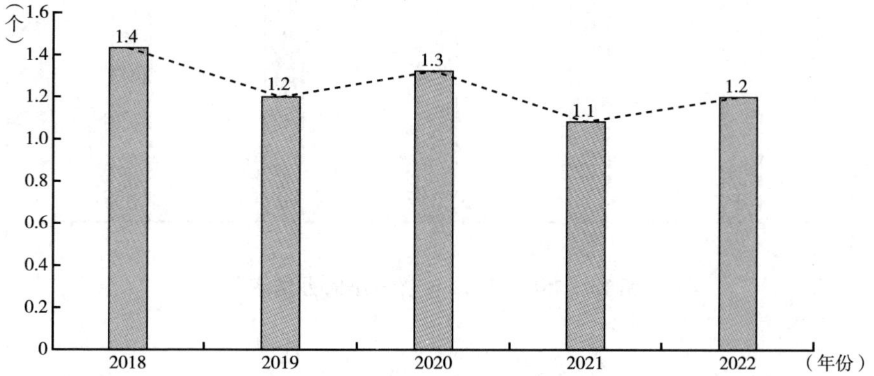

图 12　2018~2022 年办一件事需要小时数

（四）2022年75%的企业每次“一小时办结”，2018~2022年保持在70%以上

本报告进一步计算每次办事可实现一小时办结的市场主体占比。如图 13 所示，2022 年 75%的市场主体办理一件事在一个小时以内完成；从 2018~2022 年整体来看，最低值为 70%，最高值为 78%，总体保持在 70%以上。

按企业规模划分，各类市场主体一件事“一小时办”的比例均高于 70%。如图 14 所示，2022 年微型企业、小型企业和大中型企业办成一件事只用一小时的比例分别为 72%、76%和 77%，均在七成以上。从 2018~2022 年的调查结果来看，小型企业和大中型企业一件事“一小时办”的比例分别从 71%和 71%提升至 76%和 77%，而微型企业一件事“一小时办”的比例较 2018 年下降了 4 个百分点。

按行业划分，各行业一件事“一小时办”的比例均高于 70%。如图 15 所示，2022 年服务业和新兴行业的一小时办结率均为 76%，工业

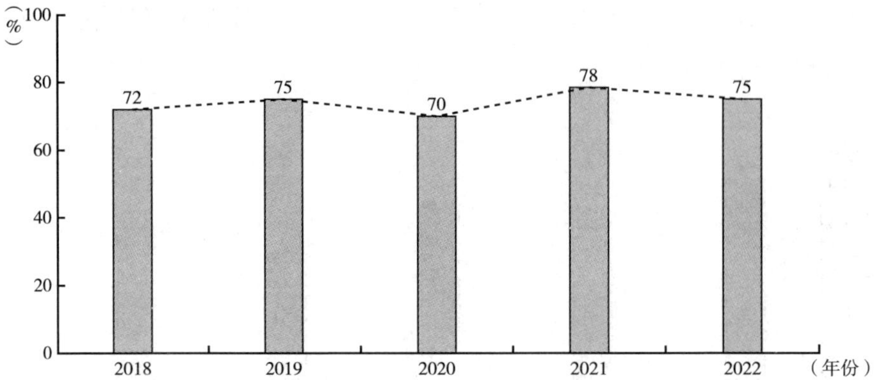

图 13　2018~2022 年“一小时办结率”

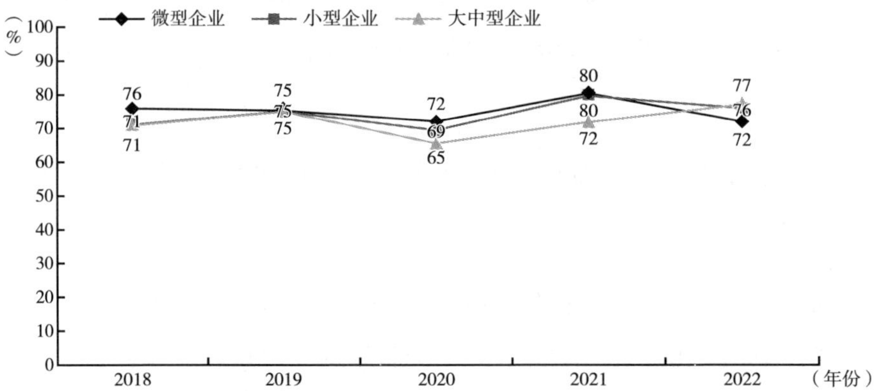

图 14　2018~2022 年不同规模企业一件事“一小时办”的比例

建筑业的一小时办结率最低，为 73%。服务业一小时办结率 2021~2022 年为全样本最高。

（五）使用数字政府，“一窗办理”“一小时办结”“30分钟办结”比例均提升

本报告将网上办事大厅、手机端办事 App 和小程序等数字政府办事平台统称为数字政府，按市场主体是否使用数字政府，将样本划分为“未使用”“使用”两类。如图 16 所示，在“一窗办理”“一小时办

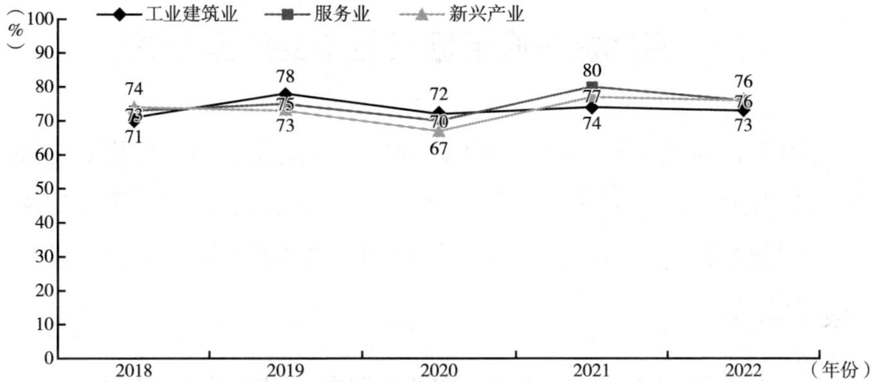

图 15　2018~2022 年各行业一件事“一小时办”的比例

结”“30 分钟办结”中，使用数字政府的市场主体所占比例均高于未使用数字政府的市场主体。其中，使用数字政府的市场主体在“一窗办理”中比未使用数字政府的市场主体高出 1 个百分点，在“一小时办结”中高出 1 个百分点，在“30 分钟办结”中高出 3 个百分点。这表明，使用数字政府提高了“一窗办理”“一小时办结”“30 分钟办结”的比例。

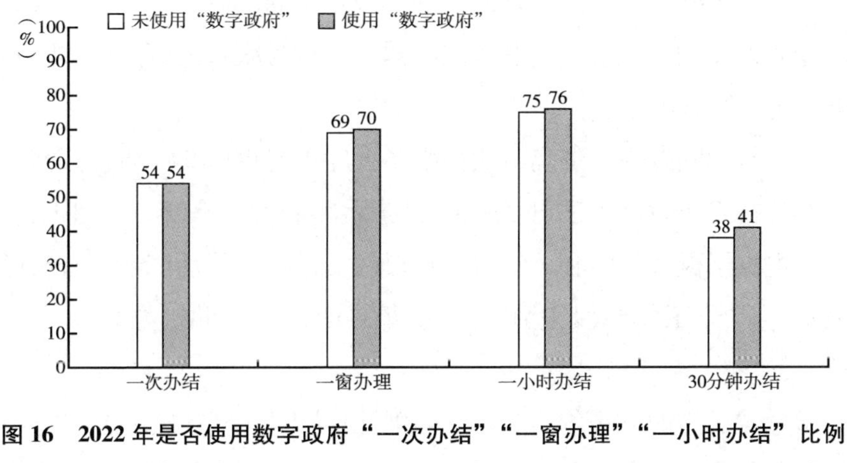

图 16　2022 年是否使用数字政府“一次办结”“一窗办理”“一小时办结”比例

三　各地提升政务服务效率的典型做法

近年来，各地在推进政务服务标准化、规范化、便利化等多方面做出了很多努力，其中部分省份探索出一些效果显著、颇受好评的实施方法。根据调查员的实地走访，本报告梳理了在 2022 年度调查中发现的一些典型做法。

（一）山东省济南市：工作时间帮你办，非公时间自助办

2019 年，山东省济南市政府印发《关于聚焦企业和群众关切深化“一窗受理・一次办好”改革的措施》，在各级政务服务大厅设立帮办代办窗口，全面推行无偿帮办代办。这样的改革意在免去群众在办事流程中的困扰。走进济南市的政务服务大厅，市场主体最多的地方是帮办代办区，这也从侧面表现了群众对此服务的欢迎和满意。通过采访市场主体，调查员同样收获了对此项措施的赞美：“只要拿着你需要的材料交给那边的工作人员，告诉他们你要办什么业务，光在那里的沙发上坐着等着，不用操心，帮办代办的人很快就能帮你办好”。以熟悉政务流程的专业人员一对一帮办代办，使得群众在政务服务大厅的工作时间内能够妥善、高效办事。

在工作时间以外，济南市政务服务大厅仍然提供 24 小时自助服务。对于部分在工作时间无法赶到政务服务大厅的群众来说，24 小时自助服务区提供了极大的便利，使得个人时间安排更加灵活高效，有市场主体表示，“非工作时段来到这里办事的话，用自助机办理也是很方便的”。

通过“工作时间帮你办，非公时间自助办”的方式，山东省济南市的政务服务中心实现了对办事群众全天候、高效率的服务，值得推广学习。

（二）浙江省杭州市：办事“分钟制”，不忘少数人

为了提高办事效率，杭州市以开办企业一个环节“分钟制”办理为目标，提供了三大特色服务：一是同城通办，在全城范围内允许部分业务异地办理，使得企业可以“就近”办事；二是分时办理，新办企业拿到营业执照后，可在不同时间办理印章刻制发票和税控设备申领等相关业务；三是多证合一、证照联办，在“一网通”系统的帮助下，杭州市实现了“多证合一”37 项、“证照联办”89 项，共计 126 项。这样的改革得到了市场主体的一致好评，效果显著。

在高效率之下，浙江省杭州市的政务服务中心的另一大特色就是将特殊人群的需求纳入每一环节的考量。大部分大厅都为特殊人群提供了无障碍服务。针对老年人、残疾人士，西湖风景名胜区政务服务中心设置了无障碍低位服务台和绿色敬老专窗；针对听障人士，西湖区政务服务中心配备了无障碍读屏电脑和聋听信息无障碍交流系统；针对视障人士，杭州市行政服务中心提供了盲文阅读指南。这一系列体现人文关怀的服务为特殊人群打通了政务服务之路，让更多的人可享受政务服务，分享数字化政务成果。

（三）江西省南昌市：智能推进政务服务，程序打破信息孤岛

江西省南昌市的政务服务顺应数字化改革潮流，推进线上线下联动服务。在线下的政务服务大厅中，除了 LED 显示屏、政务服务一体机等电子化设备，各大厅还因地制宜引入了不同的智能机器人。例如红谷滩区政务服务大厅引入了智能机器人“小 Π”，通过智能交互系统和自然的语言方式，“小 Π”可以提供业务咨询、信息查询和政民互动等服务。高新区政务服务中心引入了“易小政”AI 机器人，提供迎宾问候、办事引导、互动咨询、政策宣传等服务。智能机器人的引进不仅提高了大厅的服务效率，还优化了市场主体的办事体验，彰显了政务建设的数字化新面貌。

（四）天津市：一对一服务，心与心相接

与“一对一办理业务”不同，天津市的政务服务大厅探索提供全过程的“一对一”服务。在东丽区政务服务大厅，工作人员会与市场主体一对一提前联系，有市场主体表示，“现在我们这都可以提前电话联系，在大厅待不了多长时间，也就十几、二十分钟吧”。而在滨海新区政务服务大厅，工作人员与办事群众事先通过微信联系，减少市场主体在大厅的等候时间，使时间安排更灵活、有弹性。在办理业务过程中，津南区行政许可服务中心还设置专窗帮助办事人员填写表格，增强流程与流程之间对接的流畅程度，解决市场主体“填表难”问题。

四　政务服务中心建设面临的问题和挑战

（一）政务服务一体机使用率低

近年来，政务服务大厅通过引入政务服务一体机，为市场主体提供集成了多个部门的办事新平台。如图 17 所示，2019 年以来，引入政务服务一体机的政务大厅比例均保持在 50%以上，并且整体呈上升趋势。

然而，各大厅的政务服务一体机的实际使用率并不高。据调查员统计，如图 18 所示，线下政务大厅政务服务一体机的使用率 2019~2022 年分别为 17%、26%、10%、16%，均不超过 30%，究其原因有二：首先，机器不及人工处理灵活、明确。例如东部某地有市场主体表示，“使用机器的话，哪里资料填错了，机器的报错表达含糊不清，我们也不清楚具体是错在哪里，反正都来到这里了，还是人工服务比较好”。其次，一体机因系统更新等原因会卡顿，影响人们办事。

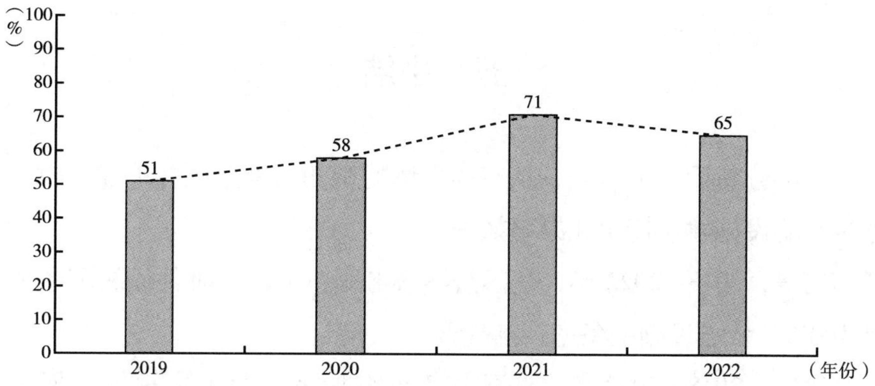

图 17　2019~2022 年引入政务服务一体机的大厅比例

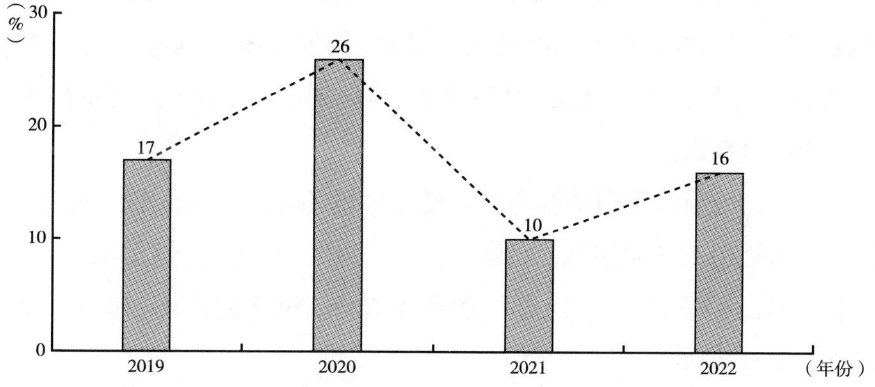

图 18　2019~2022 年全国线下政务大厅政务服务一体机使用率

（二）“一次办”改革不充分，还有46%的企业未实现“一次办”

从 2016 年“最多跑一次”到 2022 年“一件事一次办”，党中央和国务院持续推行集成化办理，大幅减少办事环节、申请材料、办理时间和跑动次数，以提升企业获得感。不过，从调查数据来看，2022 年受访市场主体中，有 54%表示“只跑一次”，虽然已经突破一半，但还有 46%的市场主体不止跑一次，距离 100%实现“一件事一次办”政策目标还有一定差距。

五 小结

本部分基于实地调查，从市场主体的视角考察全国各地线下政务服务中心的设施建设情况和办事效率。

第一，2018~2022 年，全国线下政务服务大厅的硬件设施配备率接近 100%，效能设施配备率持续提升。

第二，2018~2022 年，全国线下政务服务大厅的办事效率显著提升。从办事次数上看，市场主体办成一件事的平均跑动次数持续下降，从 2018 年的 2.3 次下降至 2022 年的 1.6 次；一件事“一次办”的比例持续上升，从 2018 年的 30%提升至 2022 年的 54%。从办事时间上看，“一小时办结”成效稳固，2018~2022 年全国市场主体的一小时办结率均保持在 70%以上。

第三，目前线下政务服务中心建设中的不足之处有：政务服务一体机的实际使用率整体偏低，机器的灵活性和系统的流畅性不足，市场主体不会用、不好用；“一次办”改革不充分，46%的市场主体表示未能实现一件事一次办。

数字政府建设调查报告*

市场主体是数字政府的需求者、使用者和评价者，本部分以市场主体的获得感为标准，考察全国数字政府需求侧建设的新进展和新问题。现将 2022 年度调查的主要发现报告如下。

一 数字政府建设的现状

本报告从“想用、知晓、使用、好用”四个方面考察全国数字政府需求侧建设的新进展。从市场主体的反馈看，全国数字政府使用率为 65%，处于大规模使用阶段。

（一）2022年90%的市场主体想用数字政府，想用率2019~2022年保持在90%左右

本报告将电脑端政务服务网、手机端各类 App 和小程序等办事平台统称为数字政府，将受访市场主体中愿意使用数字政府的比例定义为想用率。如图 1 所示，当被问及“如果数字政府能办理您所需的业务，您愿意使用吗”时，2022 年全国受访市场主体中，90%表示愿意使用数字政府。从 2019~2022 年的全国实地调查结果来看，数字政府想用率保持在 90%左右。这表明，市场主体对数字政府的使用意愿一直较高。

---

* 执笔人：李沐京、吴曼聆、周荃。

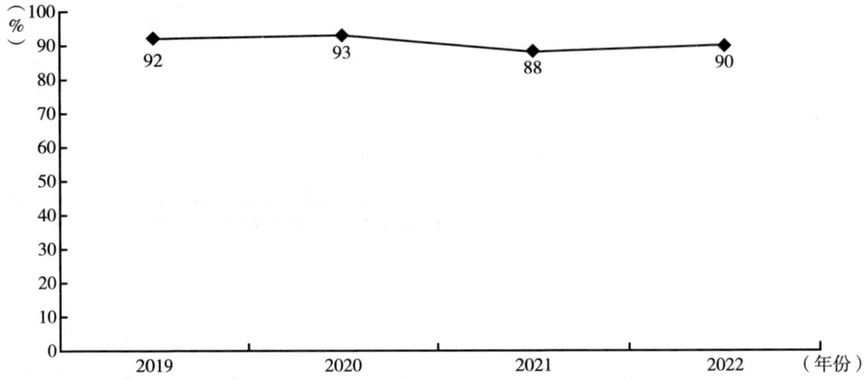

图 1　2019~2022 年数字政府想用率

注：由于 2018 年调研未统计市场主体想用率，故本章节主要报告 2019~2022 年情况。

市场主体对数字政府的高需求是各地政府推行数字化政务服务的前提和基础。在实地调查中，调查员发现各地市场主体对于数字化建设的接受度都很高。无论是否了解过、是否体验过线上办事，被访的市场主体大多表示愿意尝试线上办事。比如，福建龙岩的市场主体表示，“更愿意用电脑或手机办理这项业务，非常方便”。广东韶关的市场主体表示，“要是能网上办肯定不来（政务服务中心）啦”，“肯定在网上办好啊”。

（二）2022年77%的市场主体知晓数字政府，知晓率2020~2022年不变

本报告将知道数字政府的市场主体比例定义为知晓率。如图 2 所示，当被问及“本区是否可以在电脑或手机上办理业务”时，2022 年全国受访市场主体中，77%知晓数字政府，该比例与 2021 年和 2020 年持平，较 2019 年提高 8 个百分点。这表明，全国数字政府需求侧建设已经进入大规模知晓阶段。从不同操作平台看，市场主体对电脑端网上办事大厅熟知程度仍然更高。2022 年，网上办事大厅知晓率为 76%，比手机 App 的知晓率高 16 个百分点。

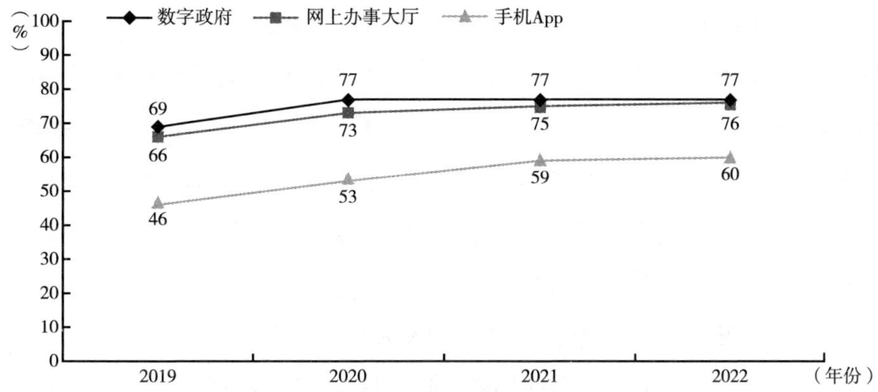

图 2　2019~2022 年数字政府知晓率

（三）2022年65%的市场主体使用数字政府，手机 App 使用率2019~2022年持续提升

本报告将使用数字政府的市场主体比例定义为使用率。如图 3 所示，当被问及“您有在电脑上或手机上办理过业务吗”时，2022 年全国受访市场主体中 65%表示使用过数字政府，全国数字政府使用率与 2021 年相比提升 6 个百分点。

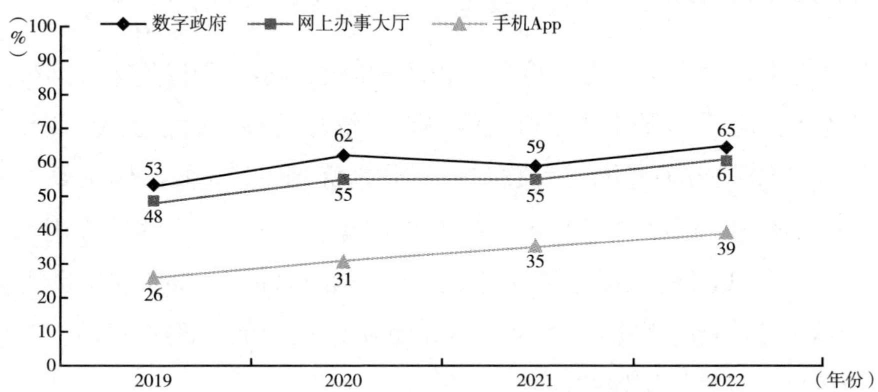

图 3　2019~2022 年数字政府的使用率

从不同操作平台来看，一方面，电脑端网上办事大厅仍为市场主体的主流办事渠道。2022 年，网上办事大厅的使用率为 61%，较手机 App 高 22 个百分点。另一方面，网上办事大厅和手机 App 的使用率均提高。2022 年，网上办事大厅的使用率为 61%，较 2021 年和 2020 年均提升 6 个百分点，较 2019 年提升 13 个百分点；2022 年，手机 App 的使用率为 39%，较 2021 年提升 4 个百分点，较 2020 年提升 8 个百分点，较 2019 年提升 13 个百分点，还未进入大规模使用阶段。

线上平台的业务拓展和功能完善，是数字政府使用率不断提升的主要原因之一。安徽黄山的市场主体认为，相较以前，如今开办企业和办理业务都很方便，基本上在“皖事通”上就能搞定。广西南宁政务大厅的工作人员表示，网上政务系统的优化与完善是南宁市优化营商环境中的一项重要工作，现如今广西数字政务一体化网站发展较为成熟。广西南宁的一位市场主体表示，“现在的网上政务系统和几年前相比有了很大进步，覆盖业务更多、办理流程更简洁、办事效率更高”。

（四）2022年45%的市场主体认为数字政府好用，好用率较上年提升5个百分点

本报告将认为数字政府好用的市场主体比例定义为好用率。当被问及“您认为现在电脑上或手机上的办事系统好用吗”时，如图 4 所示，2022 年 16%的市场主体认为数字政府非常好用，29%的市场主体认为数字政府比较好用，两者相加，45%的市场主体认为数字政府好用。而在 2021 年，14%的市场主体认为数字政府非常好用，26%的市场主体认为数字政府比较好用，共 40%的市场主体认为数字政府好用。数字政府的好用率有较明显的提升。

在实地调查中，许多受访市场主体都对数字政府的好用程度表示肯定。比如，广东肇庆的市场主体表示，“线上办事系统有很详细的指

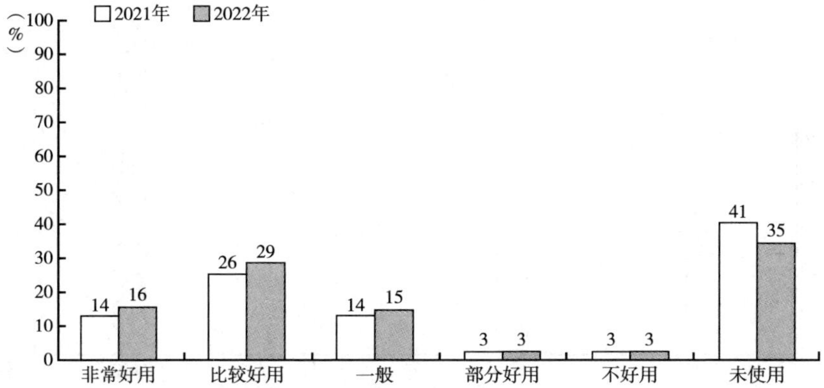

图 4　2022 年和 2021 年数字政府的好用率

注：因数值保留至个位，故可能出现总和不为 100%的情况。

引，照着上面做就好，还会有专人过来给我们培训”。河北石家庄的市场主体也普遍表示线上办事系统“既便利又高效”。

（五）2022年79%的市场主体实现“一网通办”

全面推进“一网通办”是近年来政府的重点工作之一。《2021 年政务公开工作要点》明确要求推动更多政务服务事项网上办、掌上办、一次办，实现一网通查、一网通答、一网通办、一网通管。从市场主体的反馈来看，如图 5 所示，当被问及“在过去半年，您是否只通过一个电脑系统（或手机 App）就能办理业务”时，79%的市场主体表示只使用 1 个线上办事系统，较 2019 年增加了 50 个百分点。这说明，数字政府在“一网通办”建设方面取得了巨大成效。

在实地调查中，广东广州的“一网通办”建设好评如潮。广州正大力推行“一网通办，一窗通取”的办事模式，以“一网通，一窗取，零成本，半天结”为目标，致力于提升政务服务效率，随处可见“一网通办”的宣传，收获了市场主体“开办企业一天就能拿到证书，很快”“比之前快多了，这个模式很有必要”的肯定。

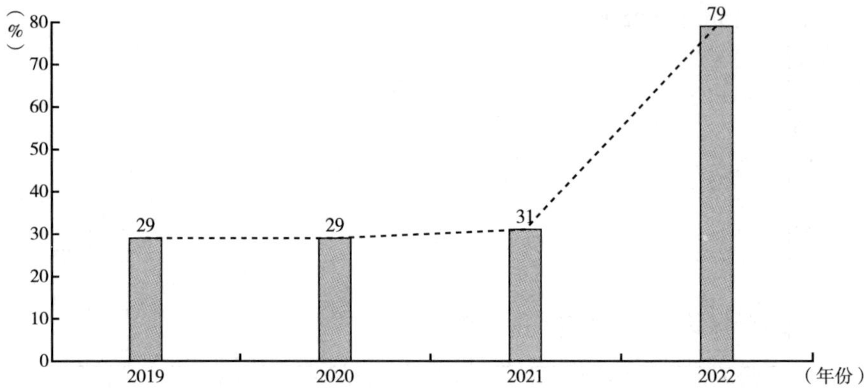

图 5　2019~2022 年“一网通办”率

注：2019 年和 2020 年，“一网通办”率的计算方式为“手机端和电脑端使用的办事系统数量均不超过 1 个的市场主体占比”；2021 年，“一网通办”率的计算方式为“手机端或电脑端使用的办事系统总数为 1 的市场主体占比”；2022 年，“一网通办”率的计算方式为“只通过 1 个电脑系统（或手机 App）就能办理业务的市场主体数量”。

（六）手机端办事次数增加，电脑端办事次数减少

从电脑端和手机端的使用次数对比来看，如图 6 所示，2022 年，市场主体在过去半年使用电脑端网上办事大厅办理业务的平均次数为 8.2 次，使用手机 App 办理业务的平均次数为 5.3 次，市场主体使用电脑端办理业务的次数为手机端的 1.55 倍。2021 年，市场主体在过去半年使用电脑端网上办事大厅办理业务的平均次数为 8.3 次，使用手机 App 办理业务的平均次数为 4.8 次，市场主体使用电脑端办理业务的次数为手机端的 1.73 倍，这说明，虽然网上办事大厅（电脑端）仍然是当前主要的办事渠道，但手机端的使用次数快速增加，二者的差距越来越小。

实地调查也证实了手机端系统建设的进步。广东广州的市场主体表示，“我本来很少用手机办理业务，因为功能较少，还会出现问题，不过现在也有了很大的改善，今年应该会完善得更好”。

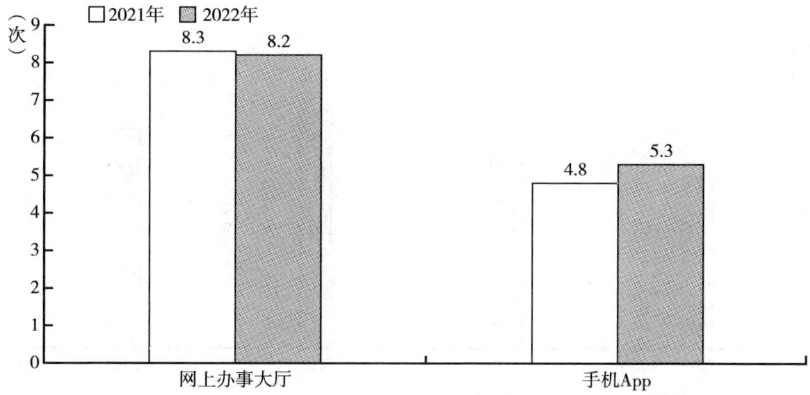

图 6　2021~2022 年过去半年使用电脑端网上办事大厅和手机 App 平均办理业务的次数

二　政务服务一体机建设的现状

（一）65%的大厅引入政务服务一体机，比2019年提升14个百分点

近年来，政务服务一体机在政务服务大厅中日益普及。该设备能够在一台硬件机器上集成多个部门的业务，为企业提供了除人工窗口、电脑、手机端 App 之外的办事新方式。如图 7 所示，在 2022 年全国调查的 138 个政务服务大厅中，65%的大厅引入了政务服务一体机，较 2019 年提升了 14 个百分点，这表明政务服务一体机在全国范围内日益普及。

（二）每个大厅平均引入1.9台，比2019年增加0.8台

调查员实地统计了各个政务服务大厅引入的政务服务一体机数量。如图 8 所示，2022 年全国调查的 138 个政务服务大厅平均引入了 1.9 台政务服务一体机，较 2021 年增加了 0.1 台，较 2020 年增加了 0.2 台，较 2019 年增加了 0.8 台。

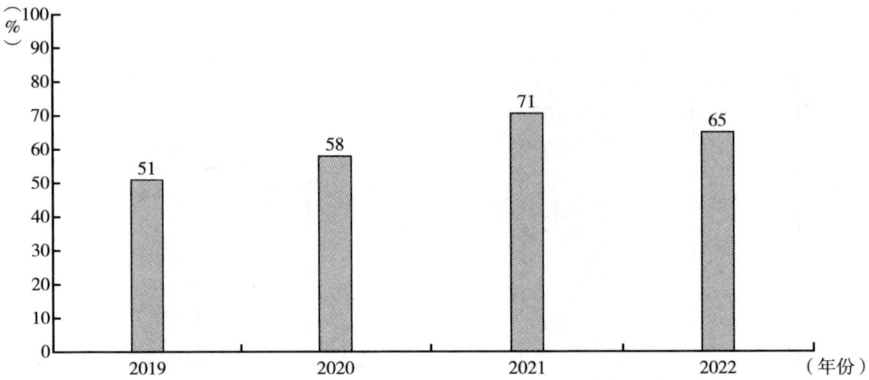

图 7　2019～2022 年引入政务服务一体机的大厅比例

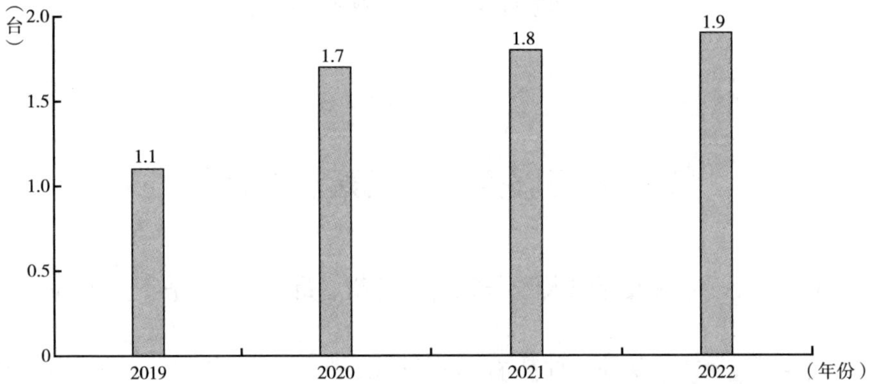

图 8　2019～2022 年每个政务大厅平均引入政务服务一体机数量

（三）政务服务一体机平均可办理11.1个部门的业务，比2020年增加5.7个

2022 年，政务服务一体机上集成的部门数量持续增加。在调查中，调查员实地统计了各个政务服务大厅的政务服务一体机上集成的部门数量。如图 9 所示，与 2021 年相比，市场主体可在政务服务一体机上办理业务的部门数量增加了 0.9 个；与 2020 年相比，市场主体可在政务服务一体机上办理业务的部门数量增加了 5.7 个，政务服务一体机的集成度持续提高。

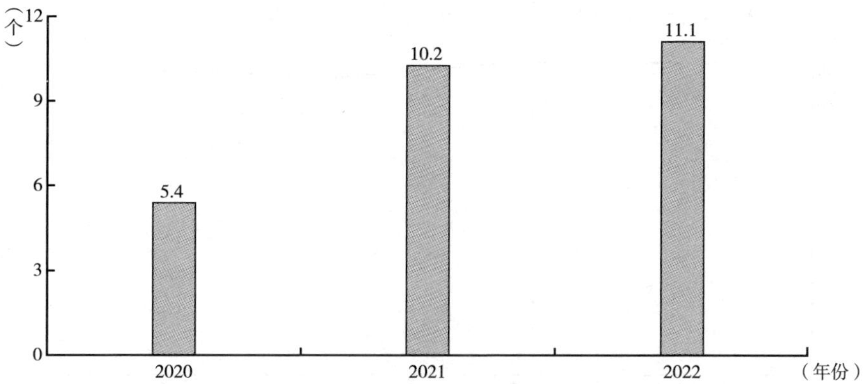

图 9　2020~2022 年政务服务一体机上可办理的部门数量

三　数字政府建设面临的问题和挑战

从市场主体的视角来看，全国数字政府需求侧建设中的主要问题是数字政府建设不充分，仍有 25%的市场主体需求未得到满足。

（一）13%的市场主体想用但不知道数字政府

知晓是使用的前提和基础。如图 10 所示，2022 年 90%的市场主体想用数字政府办理业务，77%的市场主体知晓数字政府。这表明，13%的市场主体想用数字政府但不知道在数字政府上可以办理相关业务。

市场主体想用数字政府但不知道，可能是因为职能部门的推广力度不够。职能部门大力宣传有助于市场主体获知数字政府相关信息，数字政府知晓率低，意味着大厅工作人员的主动告知、大厅的宣传可能还不够。实地调查发现，网上政务系统缺乏针对不同群体的有效宣传与推广，如在西部某地大部分较为年长的、位于农村地区的市场主体较少使用且不太了解网上办事渠道。

（二）12%的市场主体知道但不使用数字政府

数字政府想用率和使用率之间的差距一直存在。如图 11 所示，

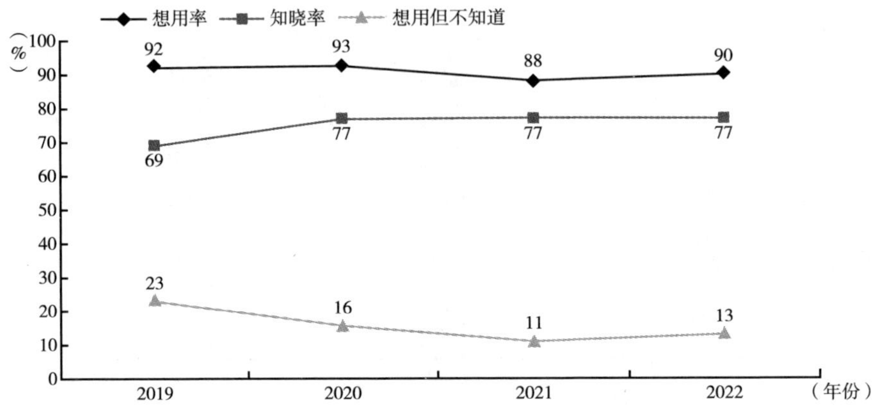

图 10　2019~2022 年想用但不知道数字政府的市场主体占比

2022 年市场主体数字政府的知晓率为 77%，使用率为 65%，由此可知，还有 12%的市场主体知道数字政府但是不使用。虽然 2019~2022 年数字政府知晓率和使用率之间的差距有所缩小，取得了一定进步，但差距始终存在。

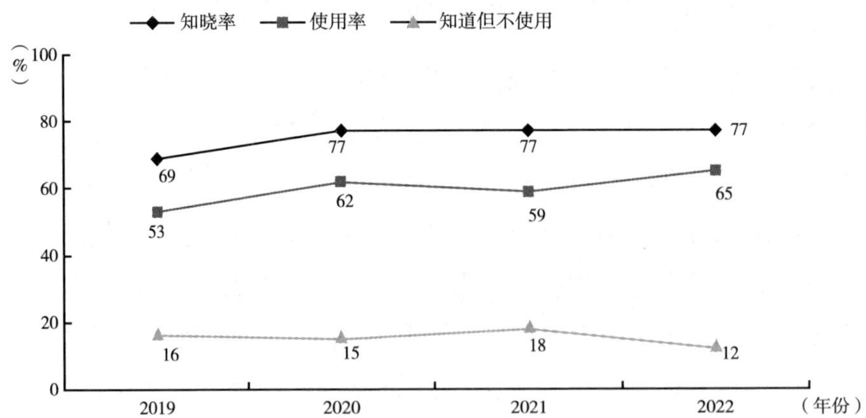

图 11　2019~2022 年知道但不使用数字政府的市场主体占比

市场主体知道数字政府但不使用的原因之一是数字政府“不好用”，主要体现在以下几个方面。

1. 业务建设不充分，认为“业务不全”的市场主体占比最高

业务不全是影响市场主体选择和使用数字政府的重要原因。如图 12 所示，在被问及“为什么没有选择用数字政府办事”时，市场主体中认为数字政府业务不全的比例最高，从 2019 年的 34%增至 2022 年的 38%，是市场主体认为数字政府“不好用”的最主要原因。从不同平台来看，如图 13 和图 14所示，2022 年，在电脑端和手机端分别有 43%和 42%的市场主体认为系统业务不全。

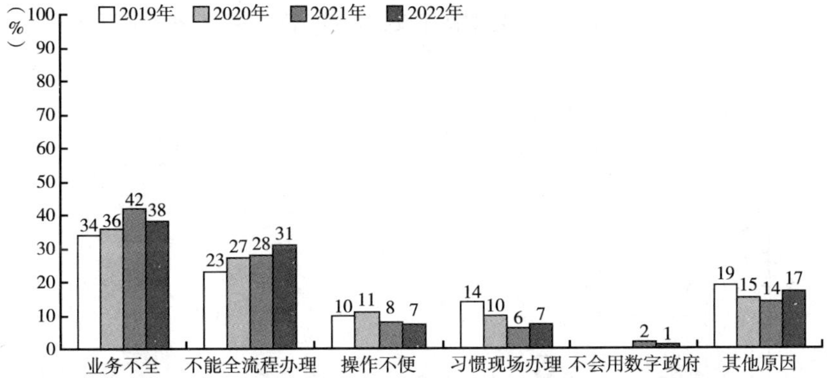

图 12　2019~2022 年市场主体不使用数字政府的原因

注：2021 年起新增“不会用数字政府”选项，故 2019~2020 年该选项数据缺失，下同。

在实地调查中，市场主体也表示线上系统业务不全。东部某地的市场主体表示，“有一些业务必须到现场办理，希望该市相关部门能继续完善网络业务”。在西部某地，一位民营市场主体表示，“我想办理的很多业务线上都办不了，线上办理流程也很麻烦”。

2. 流程建设不充分，认为“不能全流程办理”的市场主体占比逐年上升

如图 12 所示，认为数字政府不能全流程办理的市场主体比例逐年递增。2019 年，23%的市场主体因业务无法全流程办理而未选择使用数字政府，这一比例 2022 年增至 31%，业务无法全流程办理始终是市

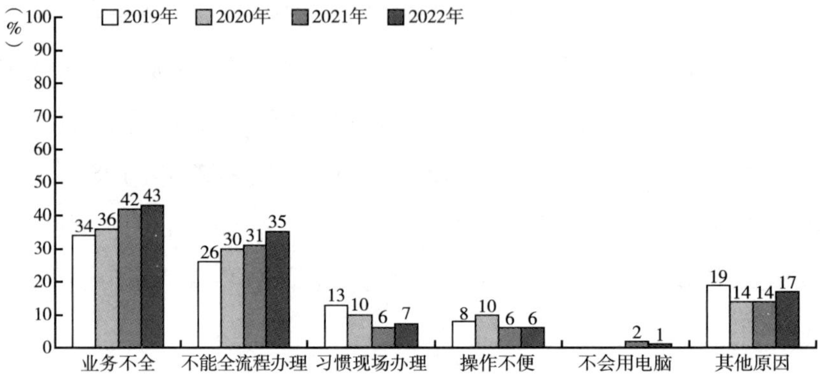

图 13　2019~2022 年市场主体不使用电脑端政务服务系统的原因

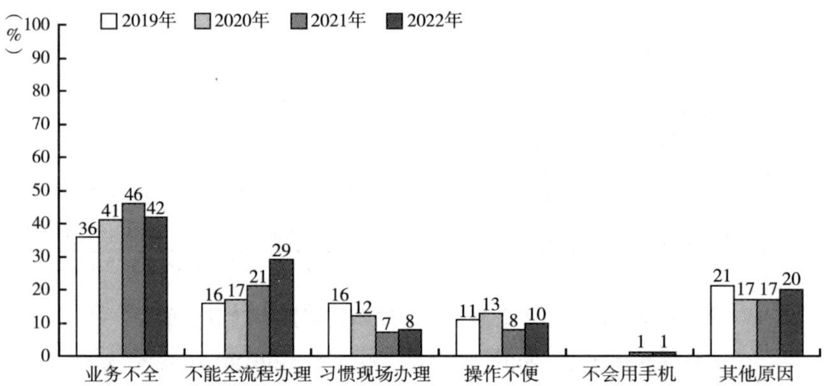

图 14　2019~2022 年市场主体不使用手机端政务服务系统的原因

场主体认为数字政府“不好用”的重要原因。其中，35%的市场主体因上述原因未选择电脑端办事系统（见图 13），而 29%的市场主体因上述原因不选择手机端办事系统（见图 14）。

从实地调查来看，数字化建设还不能完全实现“线上一条龙服务”，问题大多出在材料或资料提交的环节。在东部某地，当被问及“为何此次办理业务没有使用电脑/手机而是来到现场办理”时，部分市场主体表示已经在线上完成相应操作，本次来线下领取相应材料的原因是，“尽管线上能够选择邮寄，但是线下领取的耗时更短且更方便”。

在西部某地，市场主体来到大厅的原因多是线上无法办理该业务或该流程，大多是领取票据、证书、盖章等，说明全程网办尚未实现，网上办事系统还有完善空间。

线上线下流程衔接不流畅也导致了无法使用数字政府全流程办理。在西部某地，一些较年长的市场主体表示，“电脑上面的指导我看不懂，还不如到现场来让他们教我做”。中部某地的市场主体则表示，“网络端平台的操作指引不够明确，比较复杂”。

四　小结

数字政府建设服务于企业发展全周期，是优化营商环境的重要抓手。近年来，全国数字政府建设呈现稳步推进态势，主要进展和问题如下。

第一，数字政府正处于大规模使用阶段。2022 年全国数字政府想用率、知晓率、使用率分别为 90%、77%和 65%，使用率较 2019 年提升 12 个百分点，逐渐成为市场主体办事的重要渠道。

第二，数字政府好用率显著提高。2022 年全国数字政府好用率为 45%，较 2021 年提高 5 个百分点。

第三，数字政府“一网通办”取得了显著进步，2022 年全国“一网通办”率达 79%，较 2019 年提升了 50 个百分点。

第四，电脑端网上办事大厅目前仍为市场主体的主流办事渠道，2022 年网上办事大厅的使用率为 61%，较手机 App 高 22 个百分点。手机端各类 App 和办事小程序的使用率持续提升，2022 年手机 App 的使用率为 39%，较 2019 年提升 13 个百分点。

第五，全国政务服务一体机建设快速推进。2022 年 65%的政务大厅配有政务服务一体机，每个政务大厅平均引入 1. 9 台政务服务一体机，较 2019 年增加 0. 8 台；政务服务一体机上可办理的部门数量升至 11. 1 个，与2020年相比，市场主体可在政务服务一体机上办理业务的部门数量增加了5.7个。

第六，业务不全、不能全流程办理是目前市场主体认为数字政府“不好用”之处。

第三部分
“放管服”改革十年建设成效

市场主体进入绩效调查报告[*]

十年来，“放管服”改革着力降低市场准入制度性交易成本，激发市场主体活力。从统计数据来看，截至 2022 年 8 月底，我国登记在册市场主体达 1.63 亿户，相比 2012 年底的 5500 万户净增超 1 亿户，年均增幅 12%。蓬勃发展的市场主体有力支撑了经济发展和居民就业，成为稳住经济基本盘和稳定就业的中坚力量。“放管服”改革对于激发市场主体进入、稳住就业大局的效果如何，市场主体最有发言权。本部分从市场主体需求侧建设的视角出发，通过实地调查，考察“放管服”改革服务于市场主体进入和就业的成效。现将 2022 年度调查的主要发现报告如下。

一　市场主体进入市场的现状

（一）随机访谈样本显示，2022年新增市场主体占11%

本报告以新增市场主体占比度量企业进入成效。在实地调查中，调查员通过询问市场主体“您所在企业是哪一年成立的”，可以得到 2022 年受访市场主体的登记注册年份分布情况。如图 1 所示，在 2022 年随机访谈样本中，2022 年登记注册的比例为 11%，2021 年登

* 执笔人：陈俊豪、丁意茹、陈邱惠。

记注册的比例为 8%，2020 年登记注册的比例为 7%，2014 ~ 2019 年登记注册的比例为 40%，2014 年商事制度改革之前登记注册的比例为 35%。

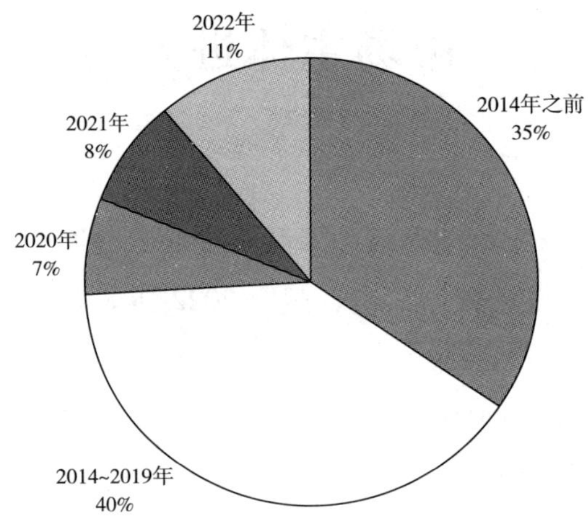

图 1　2022 年受访市场主体的登记注册年份分布

注：本报告的数值保留至百分位，故可能出现总和不为 100%的情况。

进一步，本报告基于历年实地调查数据，计算每年随机访谈样本中当年新登记注册的市场主体占比。如图 2 所示，2019 ~ 2022 年的随机访谈样本中，当年新增市场主体占比分别为 13%、10%、17%和 11%。这表明，市场主体持续地进入市场，但 2022 年新增市场主体占比相较于 2021 年下降了 6 个百分点。

（二）随机访谈样本显示，2022年新增企业中99%是小微企业

本报告进一步以企业规模、所有制类型、所属行业度量企业进入结构。从新增市场主体规模来看，如图 3 所示，在 2019 ~ 2021 年新增市场主体中，小微型市场主体占比均为 98%，大中型市场主体占比均为 2%。2022 年新增市场主体中，小微型市场主体占比增至 99%，大中型

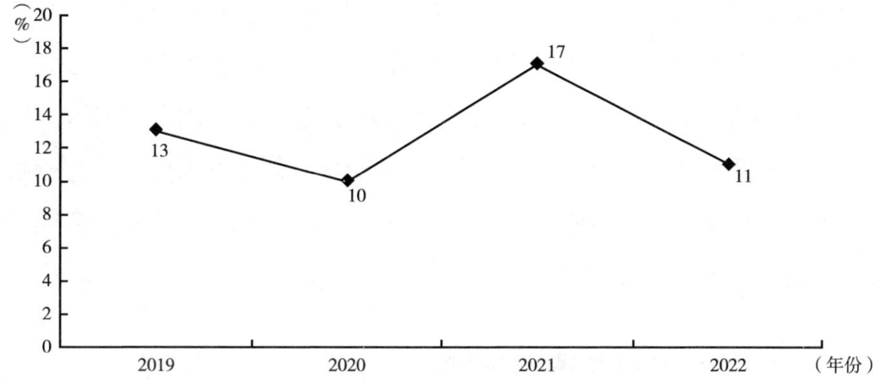

图 2　2019~2022 年新登记注册的市场主体占比

市场主体占比降至 1%。由此可见，小微型市场主体一直是新增市场主体的最大来源。

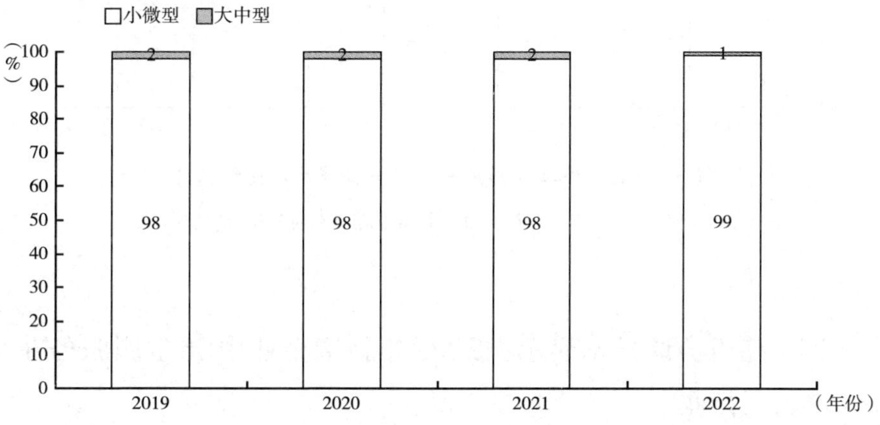

图 3　2019~2022 年按规模划分的新增市场主体占比

注：报告中，小微型市场主体的员工规模为 100 人及以下，大中型市场主体的员工规模为 100 人以上。

（三）随机访谈样本显示，2022年新增企业中97%是民营企业

从新增市场主体所有制来看，如图 4 所示，2019~2022 年，新增市

场主体主要是民营企业。其中，2019 年与 2020 年新增市场主体中民营企业占比均为 96%，外资合资企业占比均为 3%，国有企业占比均为 1%；2021 年新增市场主体中，民营企业占比进一步提高至 98%，外资合资企业降低 1 个百分点至 2%；2022 年新增市场主体中，民营企业占比为 97%，外资合资企业占比为 3%，国有企业占比为 1%。这表明，民营企业是新增市场主体的主要来源。

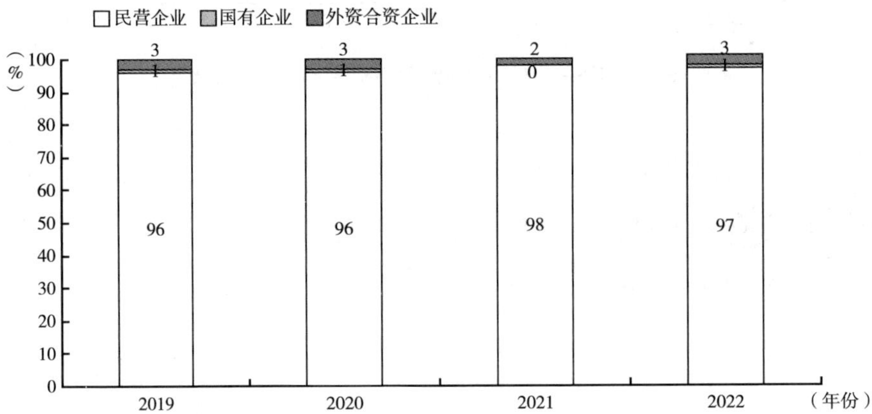

图 4　2019~2022 年按所有制划分新增市场主体占比

注：因本报告的数值保留至百分位，故可能出现总和不为 100%的情况。

（四）随机访谈样本显示，2022年新增企业中66%属服务业，19%属新兴行业

从新增市场主体行业来看，如图 5 所示，2019~2022 年，新增的主要是服务业市场主体。其中，新增服务业市场主体占比从 2019 年的 70%增加至 2020 年的 73%，2021 年下降至 60%，2022 年回升到 66%。新增新兴行业市场主体占比呈上升趋势，从 2019 年的 14%增加至 2021 年的 25%，2022 年为 19%。总体而言，新增市场主体中最多的是服务业，其次是新兴行业。

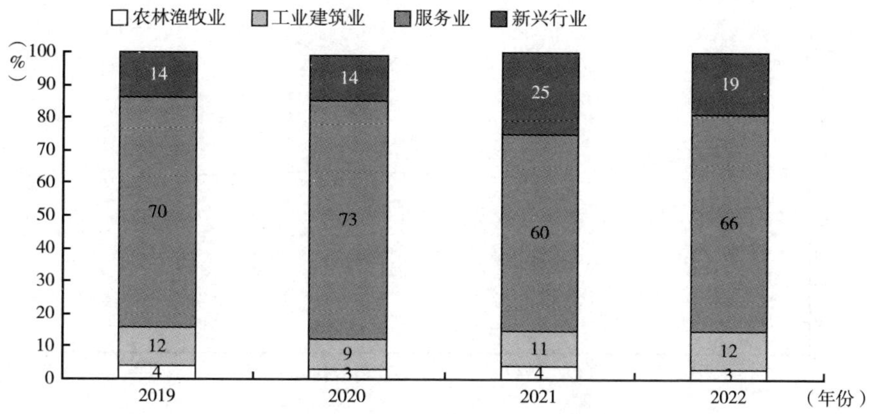

图 5　2019~2022 年按行业划分的新增市场主体占比

二　市场主体吸纳就业的现状

（一）2022年就业增长指数为53%，比2021年低2个百分点

在调查中，调查员询问市场主体“所在企业过去半年员工数量增加、不变还是减少了”，并根据市场主体的回答计算就业增长指数。如图 6 所示，2022 年就业增长指数为 53%，比 2021 年下降 2 个百分点，比 2019 年下降 7 个百分点。从 2019~2022 年的就业增长指数变化趋势看，就业增长指数整体呈下降趋势。从各个选项具体来看，如图 7 所示，2022 年市场主体员工数量增加的比例为 25%，员工数量不变的比例为 56%，员工数量减少的比例为 19%。

（二）新老市场主体就业增长指数之间的差距减小

为对比新老市场主体的稳就业能力差异，本报告将样本进一步划分为“2014 年之前设立”“2014 年之后设立”两类。如图 8 所示，新市场主体的就业增长指数始终高于老市场主体，2019 年两者之间的差距为 8 个百分点，2020 年两者之间的差距为 4 个百分点，2021 年两者之

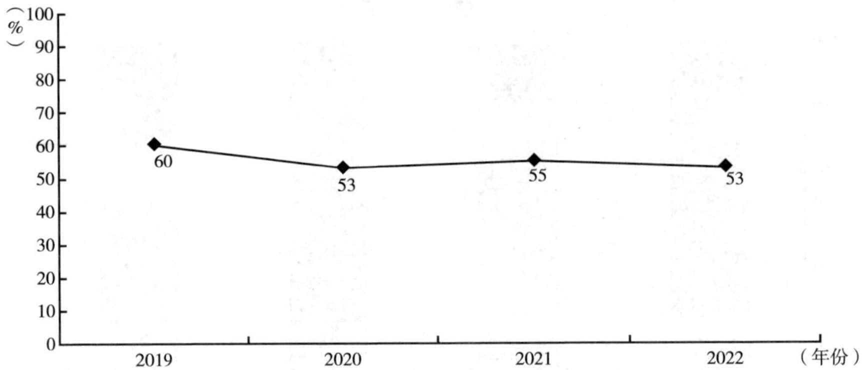

图 6　2019~2022 年就业增长指数

注：就业增长指数采用扩散指数法进行计算，即计算“员工增加”“员工不变”“员工减少”三个选项占比，分别赋予权重为 1、0.5、0，将各项的占比与相应的权重相乘，再相加得出最终的指数。所有指数取值范围为 0~100%。因本报告的数值保留至个位，故可能出现总和不为 100%的情况。

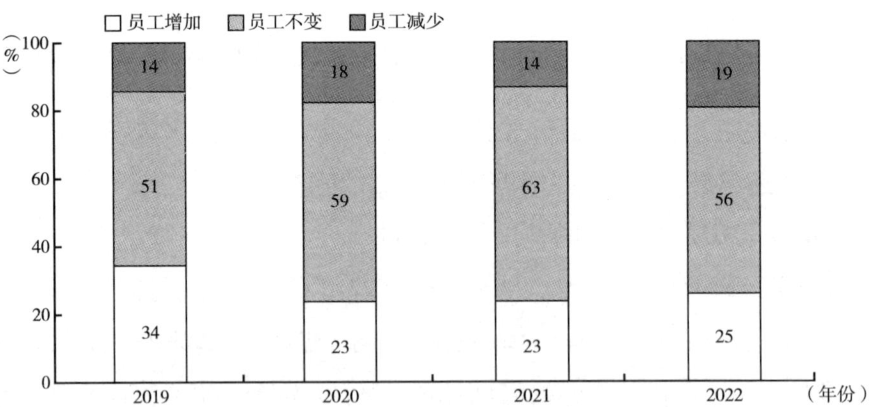

图 7　2019~2022 年企业员工数量变化

间的差距为 2 个百分点，2022 年两者之间的差距为 2 个百分点，两者差距呈缩小趋势。

（三）2022年新兴行业就业增长指数为56%，高于其他行业

为对比不同行业的稳就业能力差异，本报告进一步计算不同行业的

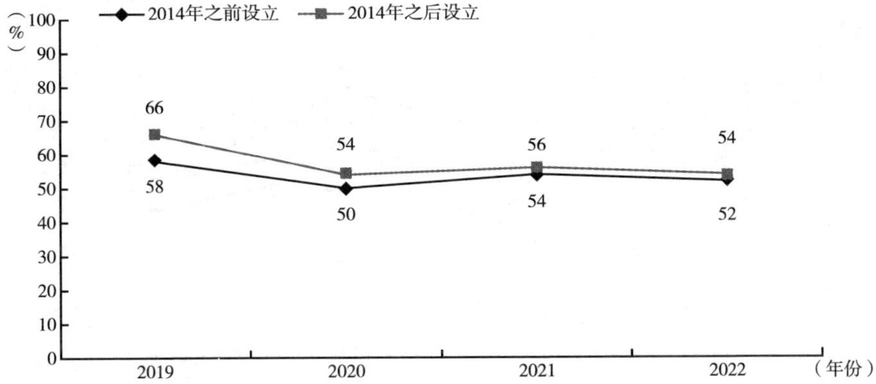

图 8　2019~2022 年新老市场主体就业增长指数差距

就业增长指数。如图 9 所示，2019 年服务业就业增长指数最高，为 62%，农林牧渔业就业增长指数最低，为 55%，两者相差 7 个百分点；2020 年农林牧渔业就业增长指数最高，为 56%，工业建筑业就业增长指数最低，为 49%，两者相差 7 个百分点；2021 年农林牧渔业就业增长指数最高，为 60%，工业建筑业就业增长指数最低，为 54%，两者相差 6 个百分点；2022 年新兴行业就业增长指数最高，为 56%，工业建筑业增长指数最低，为 51%，两者相差 5 个百分点。2022 年行业间就业增长指数较往年明显降低。

（四）2022年大中型市场主体就业增长指数为62%，高于小微型市场主体

如图 10 所示，2019~2022 年，大中型市场主体的就业增长指数始终高于小微型市场主体。2022 年，大中型市场主体的就业增长指数为 62%，分别比小型市场主体和微型市场主体高 8 个百分点和 16 个百分点；2021 年，大中型市场主体的就业增长指数为 59%，分别比小型市场主体和微型市场主体高 2 个百分点和 11 个百分点；2020 年，大中型市场主体的就业增长指数为 55%，分别比小型市场主体和微型市场主

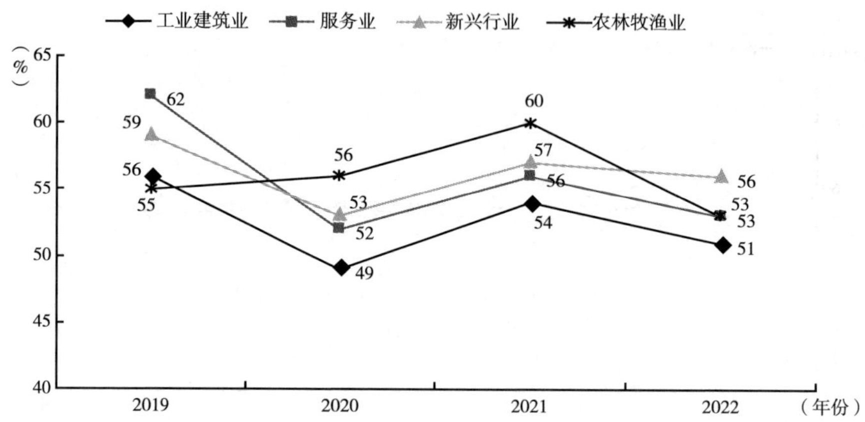

图 9　2019~2022 年各行业就业增长指数

体高 1 个百分点和 6 个百分点；2019 年，大中型市场主体的就业增长指数为 66%，分别比小型市场主体和微型市场主体高 1 个百分点和 12 个百分点。这表明，大中型市场主体的稳就业能力更强。

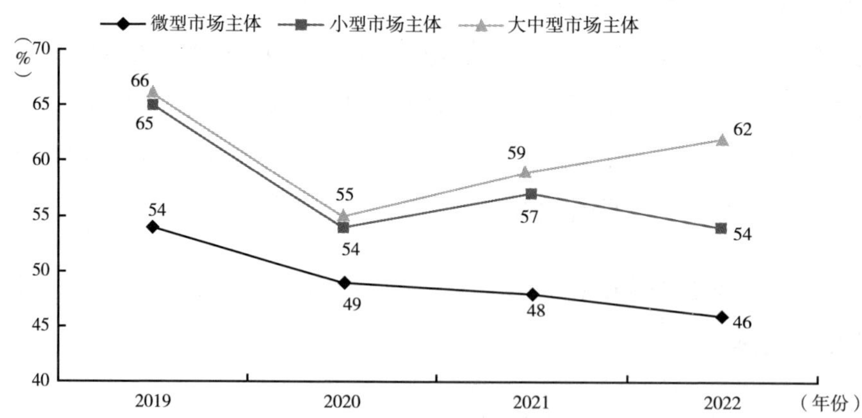

图 10　2019~2022 年按规模划分市场主体就业增长指数

注：报告中微型市场主体的员工规模为 10 人及以下，小型市场主体的市场规模为 10~100 人，大中型市场主体的员工规模为 100 人以上。

三 小结

本部分基于实地调查，从市场主体进入与就业两个方面报告了营商环境建设的成效与最新进展。

从企业进入情况来看，2019~2022 年新增市场主体比例均高于10%，但呈下降趋势。分类型看，小微型市场主体、民营市场主体、服务业市场主体占新增市场主体比例高，是新增市场主体的主要来源。

从就业情况来看，受多种因素冲击影响，2019~2022 年市场就业形势呈“W”形波动。总体上，2022 年就业增长指数为 53%，比上年低 2 个百分点。其中，新老市场主体就业增长指数差距呈缩小趋势，在稳就业方面共同发挥着重要作用；新兴行业就业增长指数较高，在稳就业上发挥了更积极的作用；大中型市场主体的业绩增长指数普遍高于小微型市场主体，提供了更多的就业机会。

市场主体成长绩效调查报告*

本部分进一步基于市场主体实地访谈，考察“放管服”改革对企业“质”的影响，关注市场主体在业绩和创新方面的表现。

一 市场主体经营业绩的现状

（一）2022年业绩增长指数为45%，比2021年降低12个百分点

在调查中，调查员通过询问市场主体“在过去半年，企业销售业绩变好、不变还是减少”从而得到市场主体业绩增长指数。如图 1 所示，2022 年业绩增长指数为 45%，比 2019 年下降 20 个百分点，比 2020 年上升 2 个百分点，比 2021 年下降 12 个百分点。从 2019～2022 年的业绩增长指数变化趋势看，市场主体业绩一直在波动，与 2019 年相比，市场主体生产经营还未完全恢复。

如各个选项所示，如图 2 所示，2022 年市场主体业绩变好的比例为 29%，业绩不变的比例为 32%，业绩减少的比例为 39%。与 2021 年相比，业绩变好的市场主体比例低了 9 个百分点，业绩不变的市场主体比例低了 5 个百分点，业绩减少的市场主体比例高了 14 个百分点。

---

* 执笔人：赵珈毅、丁意茹、陈邱惠。

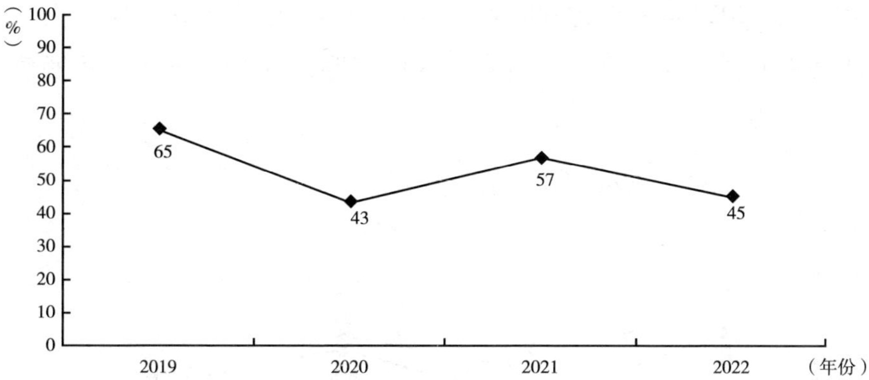

图 1　2019~2022 年市场主体业绩增长指数

注：业绩增长指数采用扩散指数法进行计算，即计算“业绩变好”“业绩不变”“业绩减少”三个选项占比，分别赋予权重为 1、0.5、0，将各项的占比与相应的权重相乘，再相加得出最终的指数。所有指数取值范围为 0~100%。

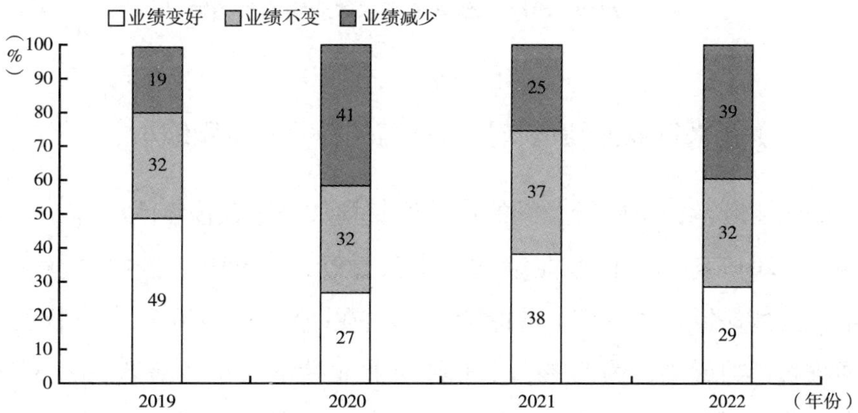

图 2　2019~2022 年市场主体业绩变化情况

（二）新老市场主体业绩增长指数都下降，差距逐年缩小

为对比新老市场主体的业绩变化情况，报告将样本进一步划分为“2014 年之前设立”“2014 年之后设立”两类。如图 3 所示，新市场主体的业绩增长指数始终高于老市场主体，2019 年两者之间的差距为 11

个百分点，2020 年两者之间的差距为 10 个百分点，2021 年两者之间的差距为 4 个百分点，2022 年两者之间的差距为 3 个百分点，两者差距呈缩小趋势。

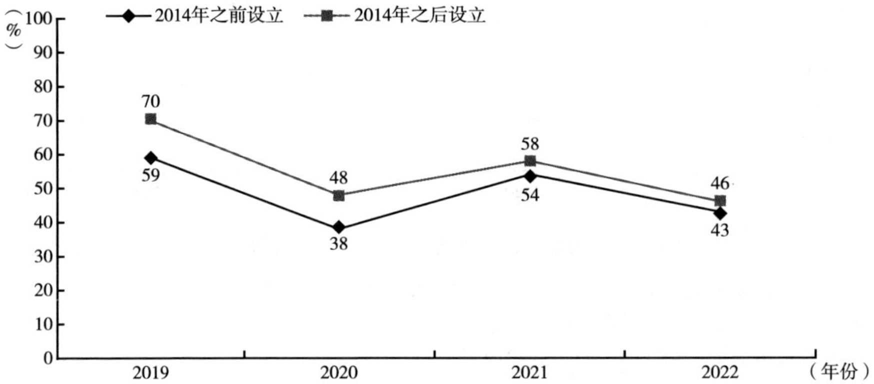

图 3　2019~2022 年新老市场主体业绩增长指数

（三）新兴行业业绩增长指数最高，行业间差距缩小

如图 4 所示，不同行业间的业绩增长指数差距较往年明显缩小。具体而言，2019 年新兴行业业绩增长指数最高，为 65%，农林牧渔业业绩增长指数最低，为 59%，两者相差 6 个百分点；2020 年农林牧渔业业绩增长指数最高，为 50%，工业建筑业业绩增长指数最低，为 40%，两者相差 10 个百分点；2021 年农林牧渔业业绩增长指数最高，为 64%，服务业业绩增长指数最低，为 55%，两者相差 9 个百分点；2022 年新兴行业业绩增长指数最高，为 47%，服务业业绩增长指数最低，为 44%，两者相差 3 个百分点。这表明各行业市场主体业绩变化情况趋同。

（四）大中型市场主体的业绩增长指数高于小微型市场主体

如图 5 所示，2019~2022 年，大中型市场主体的业绩增长指数始终高于小微型市场主体。2022 年，大中型市场主体的业绩增长指数

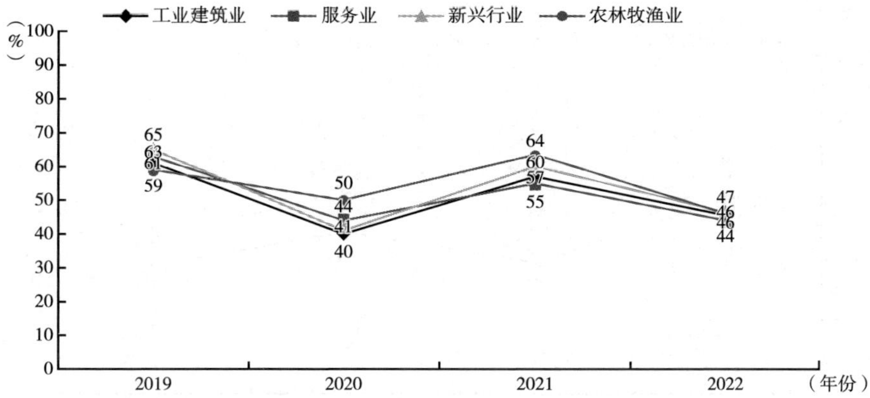

图 4　2019~2022 年各行业市场主体业绩增长指数

为 56%，比小型市场主体和微型市场主体分别高 10 个百分点和 18 个百分点；2021 年，大中型市场主体的业绩增长指数为 62%，比小型市场主体和微型市场主体分别高 2 个百分点和 14 个百分点；2020 年，大中型市场主体的业绩增长指数为 48%，比小型市场主体和微型市场主体分别高 4 个百分点和 9 个百分点；2019 年，大中型市场主体的业绩增长指数为 71%，比小型市场主体和微型市场主体分别高 2 个百分点和 13 个百分点。

二　市场主体创新的现状

（一）2022年上半年38%的市场主体有创新

在历年实地调查中，调查员通过询问市场主体“贵企业在过去半年是否推出新产品或新服务”，从而计算得到进行创新的市场主体占比。如图 6 所示，2022 年上半年推出过新产品或者新服务的市场主体比例为 38%，相较于 2021 年上半年下降了 1 个百分点，相较于 2020 年上半年上升了 3 个百分点，相较于 2019 年上半年下降了 6 个百分点。

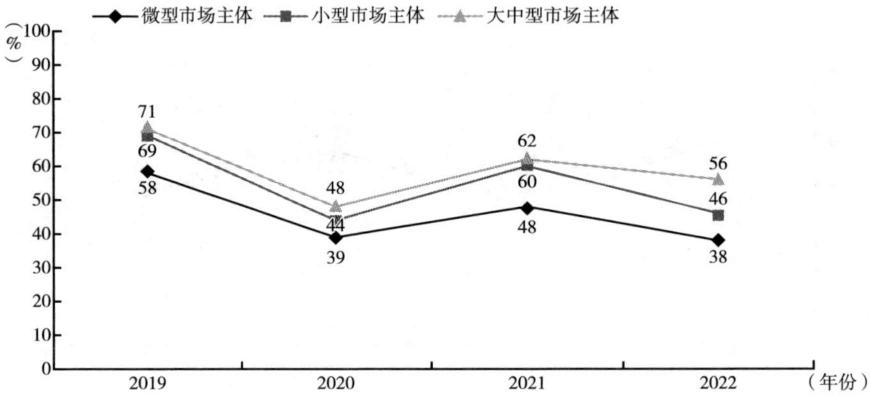

图 5　2019~2022 年各规模市场主体业绩增长指数

同时，如图 7 所示，2022 年 3%的市场主体表示过去半年业务收缩了。整体而言，市场主体创新比例在 35%~44%。

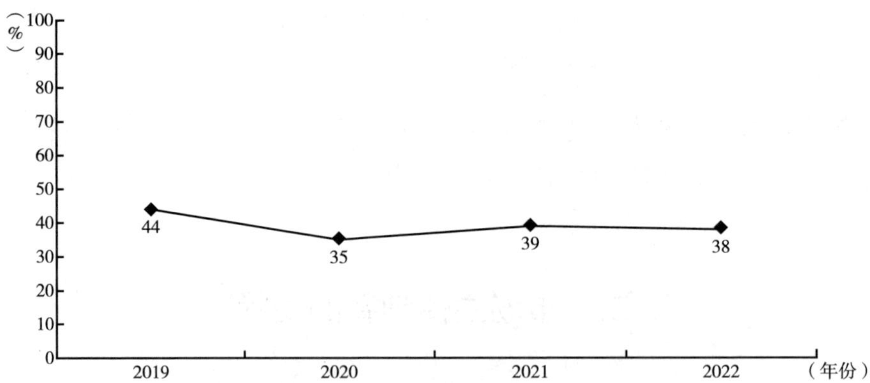

图 6　2019~2022 年上半年有创新的市场主体比例

（二）老市场主体创新比例一直高于新市场主体，且差距拉大

从市场主体设立时间来看，2014 年之前设立的市场主体创新比例一直高于 2014 年之后设立的市场主体。如图 8 所示，2019~2021 年，

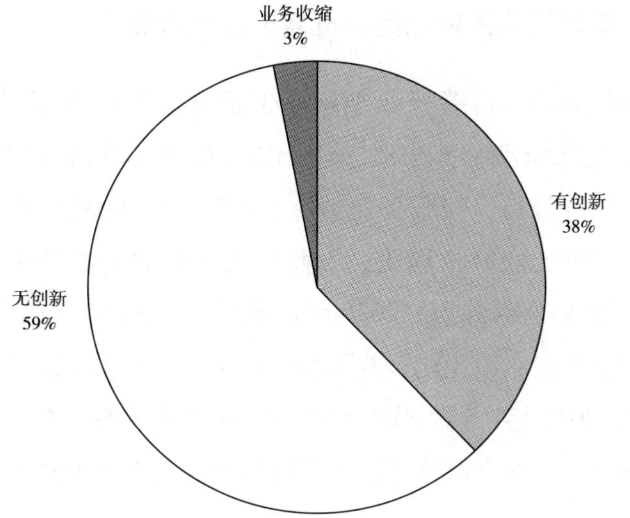

图 7　2022 年市场主体进行创新的情况

老市场主体的创新比例始终高于新市场主体，2019 年两者之间的差距为 1 个百分点，2020 年两者之间的差距为 4 个百分点，2021 年两者之间的差距为 9 个百分点，2022 年两者之间的差距为 9 个百分点，两者差距呈拉大趋势。

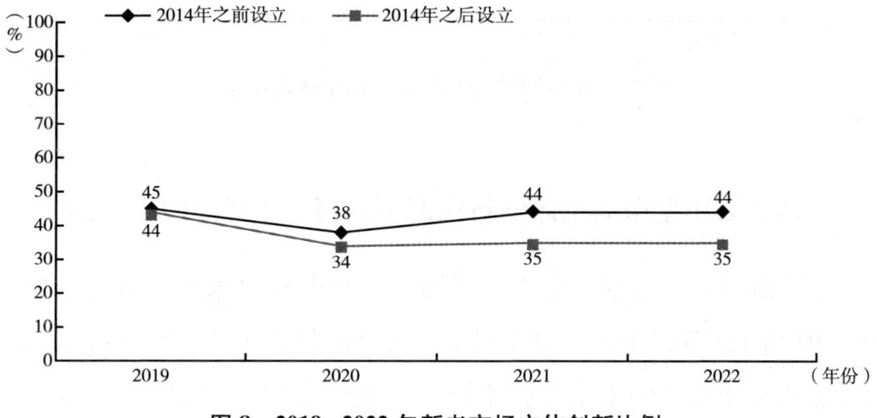

图 8　2019～2022 年新老市场主体创新比例

（三）新兴行业创新比例一直高于其他行业

从各行业来看，新兴行业创新比例最高。如图 9 所示，2022 年，新兴行业有创新的比例为 39%，分别比农林牧渔业和工业建筑业高 3 个百分点和 5 个百分点，与服务业持平；2021 年，新兴行业有创新的比例为 47%，分别比农林牧渔业、工业建筑业和服务业高 17 个百分点、11 个百分点和 9 个百分点；2020 年，新兴行业有创新的比例为 39%，分别比农林牧渔业、工业建筑业和服务业高 1 个百分点、4 个百分点和 4 个百分点；2019 年，新兴行业有创新的比例为 45%，分别比农林牧渔业和工业建筑业高 6 个百分点和 5 个百分点，与服务业持平。

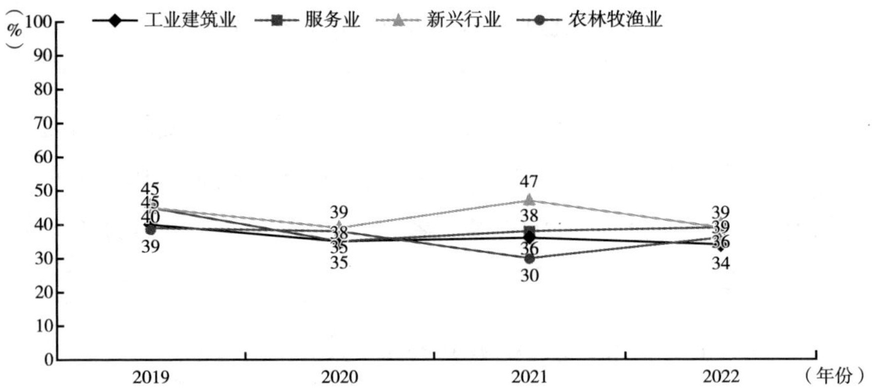

图 9　2019~2022 年各行业市场主体创新比例

（四）大中型市场主体创新比例一直高于小微型市场主体

从不同市场主体规模来看，规模越大，市场主体的创新比例越高。如图 10 所示，2022 年，大中型市场主体有创新的比例为 57%，比小型市场主体和微型市场主体分别高 18 个百分点和 31 个百分点；2021 年，大中型市场主体有创新的比例为 57%，比小型市场主体和微型市场主体分别高 18 个百分点和 31 个百分点；2020 年，大中型市场主体有创新的比例为55%，比小型市场主体和微型市场主体分别高19个百分点和29个百分点；2019年，大中型市场主体有创新的比例为61%，比小型市场主体和微型市场主体分别高14个百分点和28个百分点，大中型市场主体在创新上持续有突出表现。

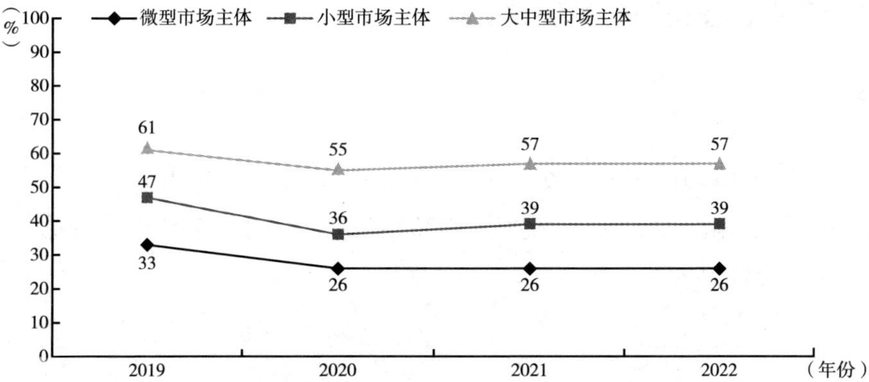

图10　2019~2022年各规模市场主体创新比例

三　小结

本部分从市场主体业绩与市场主体创新两个方面，考察了营商环境建设在促进企业成长方面的成效与进展。

从市场业绩来看，面对多种因素冲击，2019~2022年市场主体业绩波动，2022年业绩增长指数为45%，比2021年降低12个百分点。分类型看，老市场主体、新兴行业市场主体、大中型市场主体业绩增长指数相对高，在稳增长上发挥着积极作用。

从创新表现来看，2019~2022年市场主体创新活力持续释放，创新比例均超过35%。分类型看，同样是老市场主体、新兴行业市场主体、大中型市场主体创新比例相对高，是市场创新活力的主要来源。

企业获得感调查报告*

市场主体的认可是评价"放管服"改革的重要维度，本部分从市场主体的视角出发，以市场主体的获得感度量全国各地"放管服"改革的进展与成效。

一 市场主体获得感的现状

（一）2022年89%的市场主体认可改革"省时间"

在调查中，调查员访谈市场主体"据您了解，目前的'放管服'改革措施，能够降低企业与政府打交道的时间吗"。如图 1 所示，全国 89%的市场主体认可"放管服"改革降低了其与政府打交道的时间，与 2021 年相比下降了 2 个百分点，较 2018 年增加了 3 个百分点。从 2018~2022 年整体来看，认可"省时间"的市场主体比例保持在 86%以上，获得感较高。

按成立年份划分，2018~2022 年新企业认可"省时间"的比例稳步提升。本报告将访谈当年新登记注册的企业定义为新企业，将非当年登记注册的企业定义为老企业，分别计算 2018~2022 年新企业、老企业的获得感。如图 2 所示，2022 年有 94%的新企业认可"放管服"改

* 执笔人：朱雨琴、王子晗。

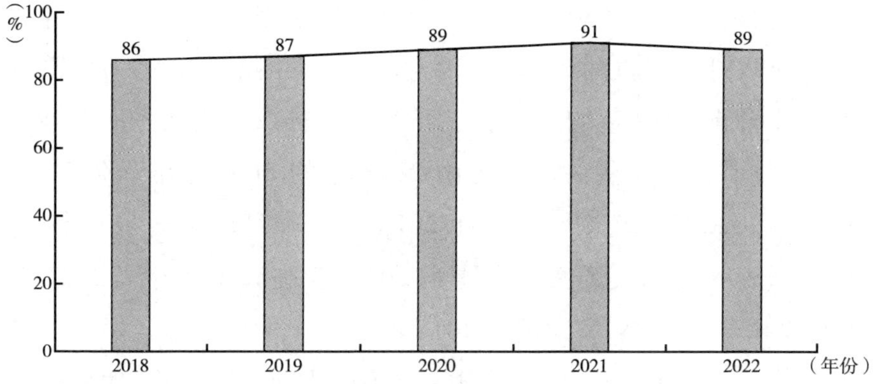

图 1　2018~2022 年认可“省时间”的市场主体占比

革降低了其与政府打交道的时间，比 2021 年增加了 3 个百分点，比 2020 年增加了 5 个百分点，比 2019 年增加了 6 个百分点，比 2018 年增加了 7 个百分点，逐年上升。2022 年 89%的老企业认可“放管服”改革降低了其与政府打交道的时间，比 2021 年降低了 5 个百分点，但仍比 2018 年高 4 个百分点。

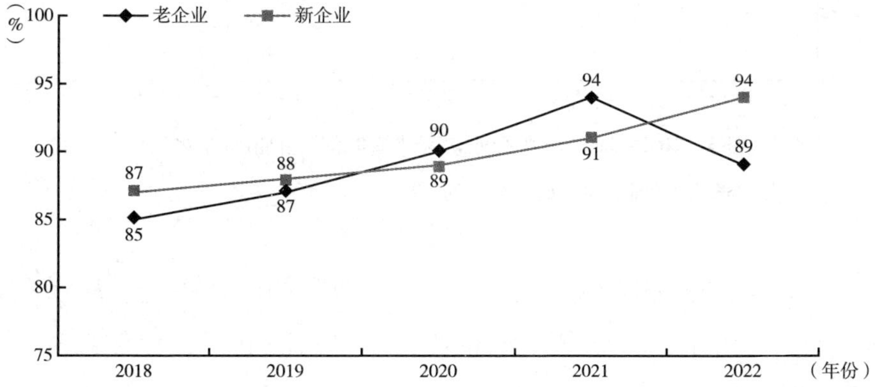

图 2　2018~2022 年新老企业认可“省时间”的总体比例

按行业划分，2018~2022 年各行业对“省时间”的认可度均有不同程度的提升。从横向来看，如图 3 所示，2022 年工业建筑业认可“省时间”的市场主体比例最高，为 92%，比服务业高 3 个百分点，比新兴行业高5个百分点。从纵向对比来看，2018~2022年，工业建筑业认可“省时间”的市场主体占比上升幅度最大，由2018年的87%上升至2022年的92%，上升5个百分点；其次是服务业，认可“省时间”的市场主体占比由2018年的86%上升至2021年的93%，但2022年降至89%，相比2018年上升3个百分点；新兴行业认可“省时间”的市场主体占比由2018年的85%上升至2021年的90%，2022年降至87%，相比2018年上升2个百分点。虽然2018~2022年认可“省时间”的市场主体比例有所波动，但总体呈现上升趋势。

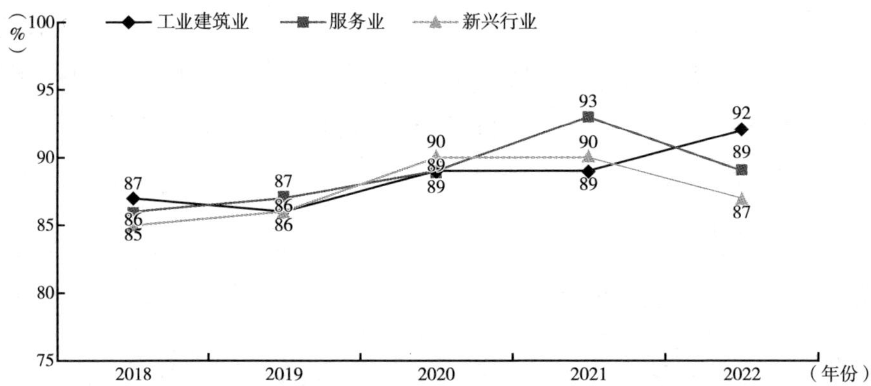

图3　2018~2022年各行业认可“省时间”的市场主体比例

注：农林牧渔业企业样本不足，故不予报告。

按规模划分，小微企业认可“省时间”的比例提升。从横向来看，如图4所示，2022年小型企业认可“省时间”的比例最高，为90%，比大中型企业高3个百分点，比微型企业高1个百分点。从纵向来看，2018~2022年，小型企业认可“省时间”的占比上升幅度最大，由2018年的85%增至2022年的90%，共增加5个百分点；其次是微型企业认可“省时间”的占比由2018年的86%增至2021年的94%，2022年降至89%，相比2018年上升3个百分点；大中型企业认可“省时间”占比在 84%～91%波动，2022 年占比为 87%，与 2018 年相比下降 1 个百分点。

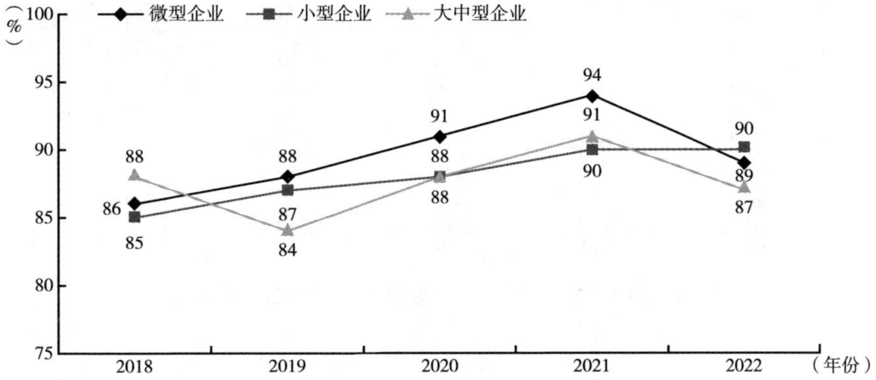

图 4　2018～2022 年各规模企业认可“省时间”的比例

注：员工人数 10 人及以下为“微型企业”，10～100 人为“小型企业”，100 人以上为“大中型企业”。下同。

调查访谈中，很多市场主体对“放管服”改革降低与政府打交道时间的效果表示肯定。浙江省杭州市的一名受访市场主体提到，“从人工接触转向智能接触，减少了许多沟通的时间成本”。天津市的受访市场主体也表示，“每次办事的时间都在半小时到一小时内，不需要来回跑，基本上一个综合受理窗口就能够办理完事务”。

（二）2022年89%的市场主体认可改革“省费用”，2018～2022年持续提升

在调查中，调查员访谈市场主体“据您了解，目前的‘放管服’改革措施能够降低企业与政府打交道的费用吗”。如图 5 所示，2022 年 89%的市场主体认可改革降低了与政府打交道的费用，与 2021 年相比下降 2 个百分点，与 2020 年相比增加了 15 个百分点，与 2019 年相比增加了 27 个百分点，与 2018 年相比增加了 24 个百分点，整体呈上升趋势。

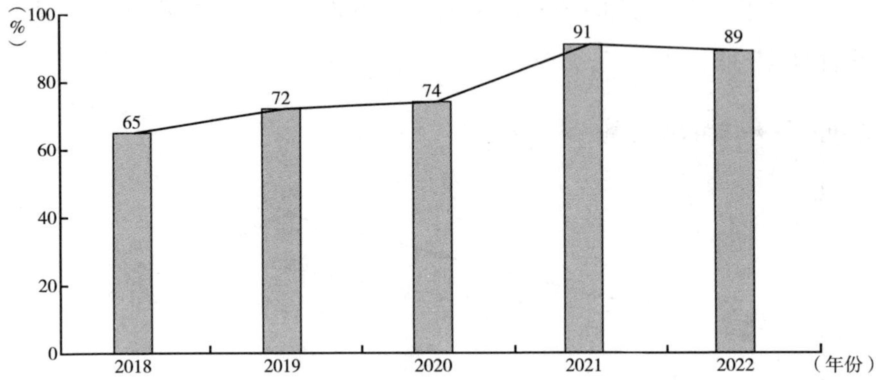

图 5　2018~2022 年认可“省费用”的市场主体占比

按成立年份划分，2018~2022 年新老企业认可“省费用”比例整体呈现上升趋势。本报告将访谈当年新登记注册的企业定义为新企业，将非当年登记注册的企业定义为老企业，分别计算 2018~2022 年新老企业的获得感。如图 6 所示，2018~2022 年新企业认可“省费用”的比例逐年上升，从 2018 年的 66%上升至 2022 年的 94%，共上升 28 个百分点。老企业认可“省费用”的比例自 2018 年开始连续 4 年上升，2021 年达到峰值为 92%，2022 年降至 88%，但仍比 2018 年高 21 个百分点，整体上呈现上升趋势。

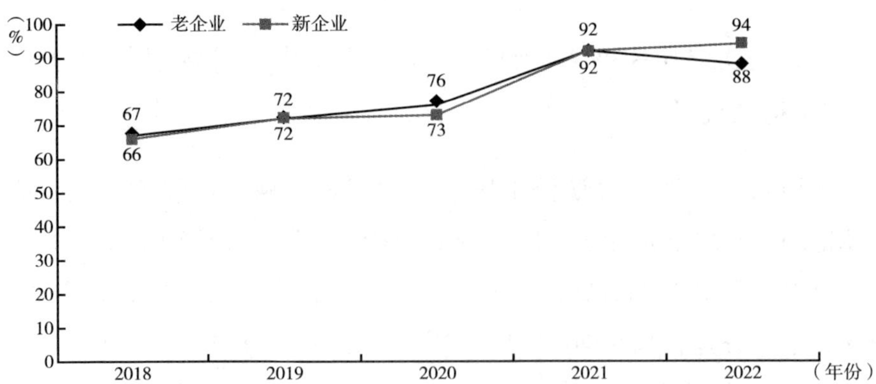

图 6　2018~2022 年新老企业认可“省费用”的比例

按行业划分，各行业认可“省费用”市场主体比重均有不同程度的上升。如图 7 所示，从横向来看，2022 年服务业认可“省费用”市场主体占比最高，为 90%，比工业建筑业和新兴行业分别高 1 个和 4 个百分点。从纵向来看，2018～2022 年，服务业认可“省费用”的市场主体占比上升幅度最大，由 2018 年的 66%上升至 2022 年的 90%，共上升 24 个百分点；其次是工业建筑业，认可“省费用”占比由 2018 年的 65%上升至 2022 年的 89%，上升 24 个百分点；新兴行业认可“省费用”占比由 2018 年的 70%上升至 2021 年的 89%，但在 2022 年下降至 86%，共上升 16 个百分点，总体仍呈上升趋势。

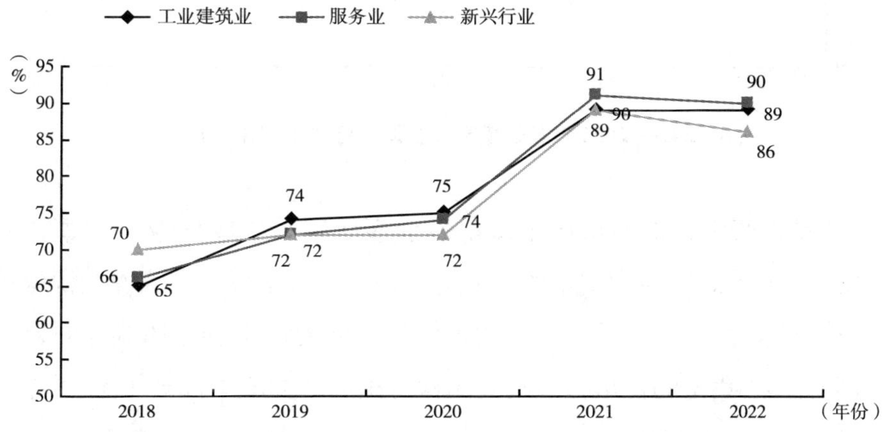

图 7　2018～2022 年各行业认可“省费用”的市场主体比例

注：农林牧渔业企业样本不足，故不予报告。

按规模划分，小型企业认可“省费用”的市场主体比例上升幅度最大。从横向来看，如图 8 所示，2022 年小型企业认可“省费用”的市场主体占比最高，为 90%；其次为微型企业，为 89%；大中型企业比例最低，为 87%，比小型企业低 3 个百分点。从纵向来看，在 2018～2022 年，小型企业认可“省费用”的市场主体占比由 2018 年的 65%上升至 2022 年的 90%，共上升 25 个百分点，上升幅度最大；其次是微型企业，认可“省费用”的市场主体占比由 2018 年的 67%上升至 2021 年的 94%，但在

2022 年重新下降至 89%，相比 2018 年共上升 22 个百分点；大中型企业认可“省费用”的市场主体占比由 2018 年的 71%上升至 2022 年的 87%，共上升 16 个百分点，上升幅度最小。

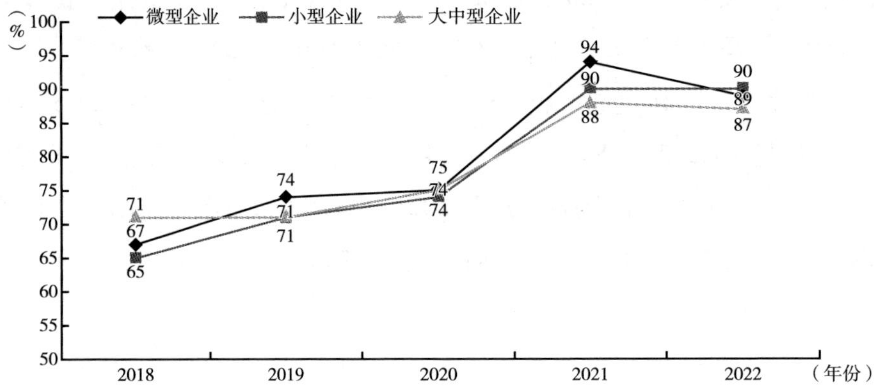

图 8　2018~2022 年各规模市场主体认可“省费用”的比例

实地调查中，很多市场主体都表示感受到了“放管服”改革“省费用”的成果。广西南宁市的一名受访市场主体表示，“减税退税政策减小企业运营压力”。另一位浙江省杭州市的受访市场主体同样对此表示了肯定，“我付的打车费、研究流程付出的精力成本都省了不少”。

（三）2022年41%的市场主体认可现在已经“完全免费”，比2021年低9个百分点

在调查中，调查组访谈市场主体“据您了解，目前的‘放管服’改革措施能够降低企业与政府打交道的费用吗”。如图 9 所示，2022 年有 41%的市场主体认可现在已经“完全免费”，比 2021 年低 9 个百分点。

与 2021 年相比，各行业 2022 年认可“完全免费”的市场主体比例均有所降低。横向来看，如图 10 所示，2022 年服务业认可现在“完全免费”的市场主体占比最高，为 44%，；其次为农林牧渔业，占比为

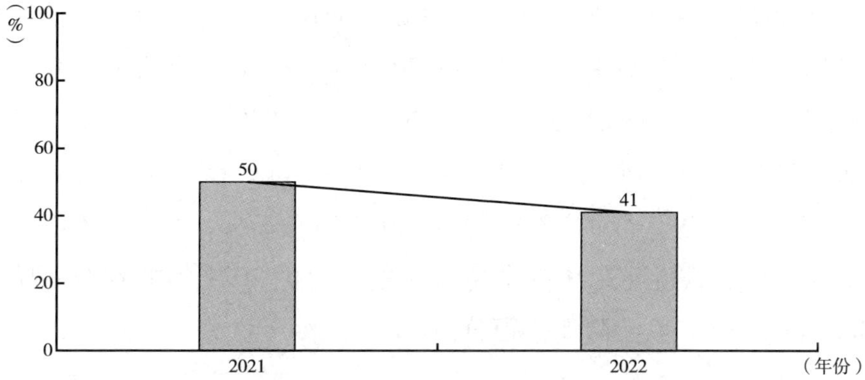

图 9　2021~2022 年认可现在“完全免费”的市场主体占比

39%；之后是新兴行业，占比为 37%；工业建筑业行业认可“完全免费”的市场主体比例最低，为 34%，与服务业相差 10 个百分点。纵向来看，2021~2022 年，农林牧渔业认可“完全免费”的市场主体占比下降幅度最大，由 2021 年的 54%降至 2022 年的 39%，共降低 15 个百分点；其次是新兴行业，由 2021 年的 49%降至 2022 年的 37%，降低 12 个百分点；服务业由 2021 年的 53%降至 2022 年的 44%，降低 9 个百分点；工业建筑业下降幅度最小，由 2021 年的 39%降至 2022 年的 34%，仅降低 5 个百分点。

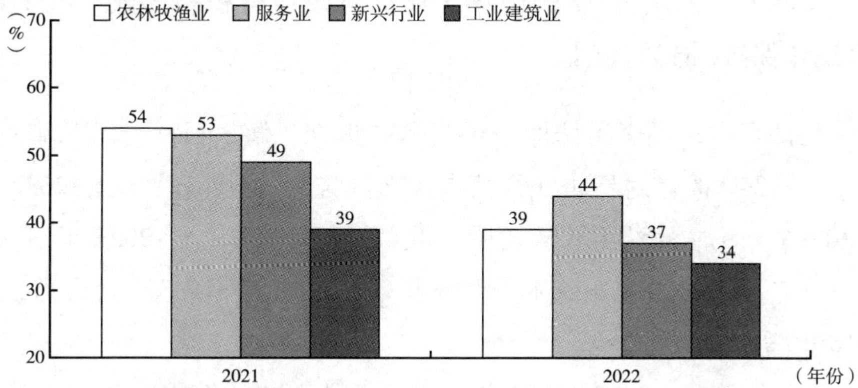

图 10　2021~2022 年各行业认可“完全免费”的市场主体比例

与 2021 年相比，2022 年不同规模企业认可“完全免费”的比例均有所降低。如图 11 所示，2021～2022 年，微型企业认可现在“完全免费”占比下降幅度最大，由 2021 年的 58%下降到 2022 年的 41%，共下降 17 个百分点；其次是大中型企业，认可现在“完全免费”的占比由 2021 年的 43%下降到 2022 年的 37%，共下降 6 个百分点；小型企业认可现在“完全免费”的占比由 2021 年的 47%下降到 2022 年的 42%，共下降 5 个百分点。

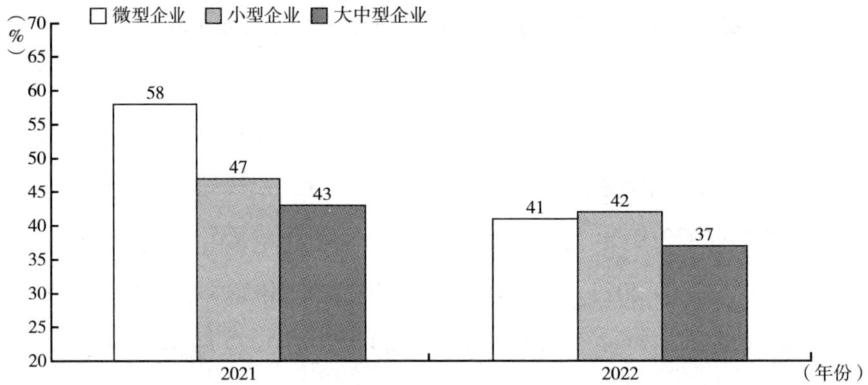

图 11　2021～2022 年不同规模企业认可“完全免费”的市场主体比例

（四）2022年61%的市场主体认可改革有积极影响，2018～2022年保持在60%以上

在调查中，调查组访谈市场主体“据您了解，目前的‘放管服’改革措施整体而言对贵企业经营有什么影响”。如图 12 所示，2022 年有 61%的市场主体认可“放管服”改革有积极影响，比 2021 年下降 3 个百分点，比 2020 年下降 1 个百分点，比 2019 年下降 5 个百分点，比 2018 年增加 1 个百分点。

按规模划分，2018～2022 年新老企业认可“放管服”改革有积极影响的比例有不同程度的提升。从横向看，如图 13 所示，按照企业成

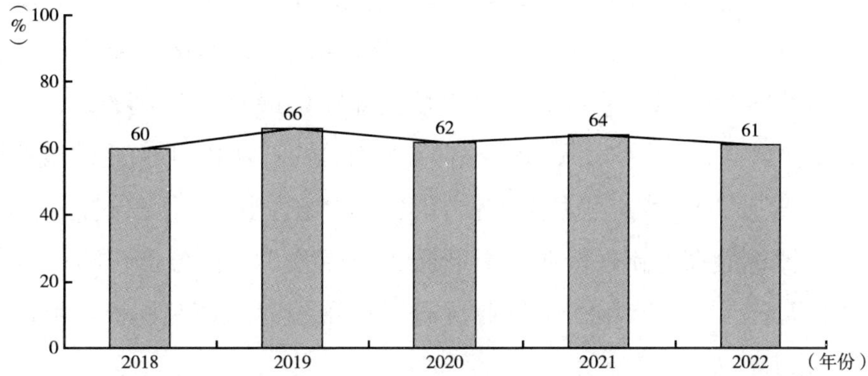

图 12　2018~2022 年认可“放管服”改革有积极影响的市场主体占比

立时间划分，2022 年有 61%的新企业认可“放管服”改革有积极影响，63%的老企业认可“放管服”改革有积极影响，新企业比老企业低 2 个百分点，差距不大。从纵向看，2018~2022 年，老企业认可“放管服”改革有积极影响的市场主体占比上升幅度较大，由 2018 年的 58%上升到 2022 年的 63%，共上升了 5 个百分点；新企业认可“放管服”改革有积极影响的占比，由 2018 年的 58%上升到 2021 年的 72%，2022 年重新下降至 61%，5 年间共上升了 3 个百分点。

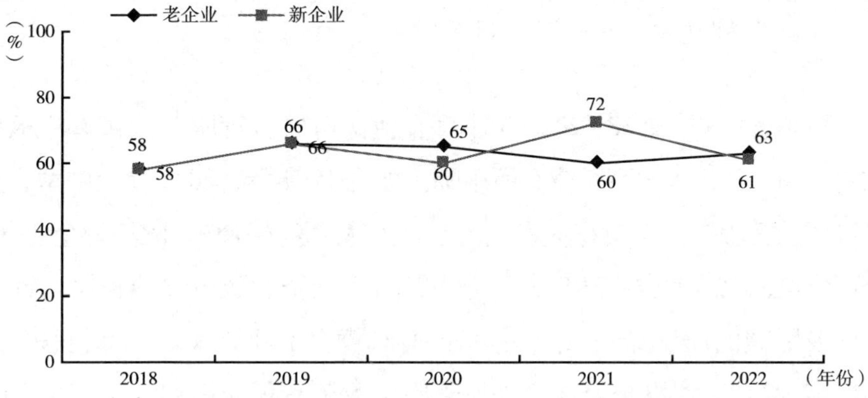

图 13　2018~2022 年新老企业认可“放管服”改革有积极影响的比例

按行业划分，2018~2022 年不同行业认可“放管服”改革有积极影响的市场主体比例差距逐渐减小。如图 14 所示，2018 年新兴行业认可“放管服”改革有积极影响的市场主体比例最高，为 65%；工业建筑业比例最低，为 54%，二者相差 11 个百分点。2019 年工业建筑业认可“放管服”改革有积极影响的市场主体比例提升，超过服务业。2019 年比例最高的新兴行业和最低服务业相差 3 个百分点，2021 年相差 9 个百分点。2022 年三个行业认可“放管服”改革有积极影响的比例均为 61%。

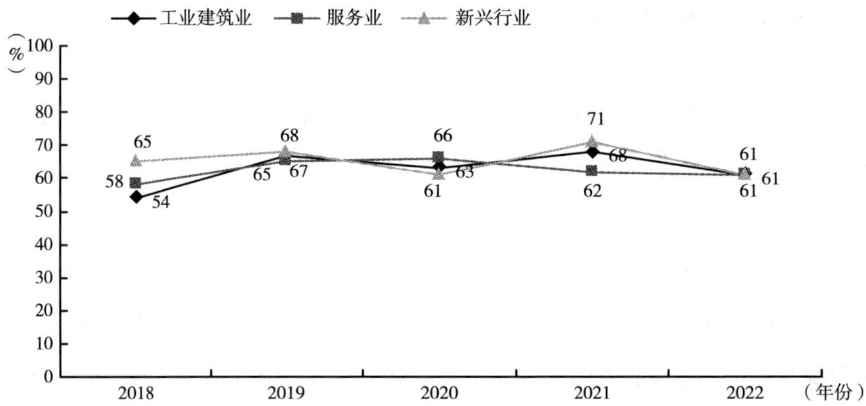

图 14　2018~2022 年各行业认可“放管服”改革有积极影响比例

注：农林牧渔业企业样本不足，故不予报告。

按规模划分，2018~2022 年小型企业认可“放管服”改革有积极影响的比例上升，大中型企业有所下降。如图 15 所示，2022 年大中型企业认可“放管服”改革有积极影响的市场主体比例为 64%，比小型企业高 1 个百分点，比微型企业高 9 个百分点；大中型企业认可“放管服”改革有积极影响的比例始终高于小型企业和微型企业。从变化幅度来看，2018~2022 年，小型企业认可“放管服”改革有积极影响的比例由 2018 年的 57%上升到 2022 年的 63%，共上升 6 个百分点；微型企业认可“放管服”改革有积极影响的比例由 2018 年的 56%下降到 2022 年的 55%，共下降 1 个百分点；大中型企业认可“放管服”改革有积极影响的比例由 2018 年的 66%下降到 2022 年的 64%，共下降 2 个百分点。

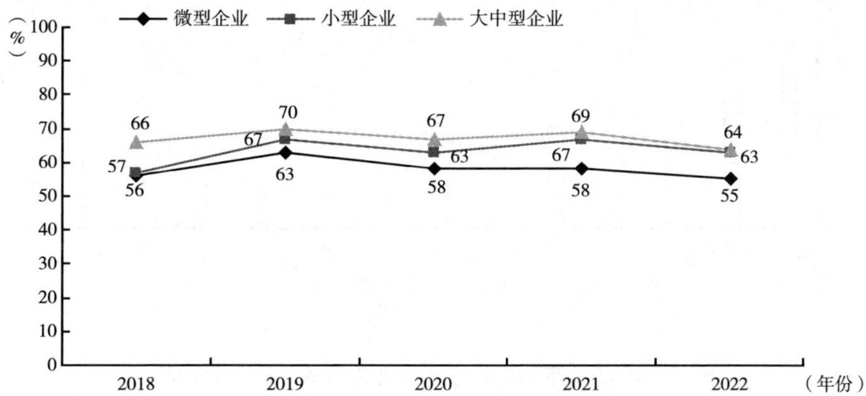

图 15　2018~2022 年各规模市场主体认可“放管服”改革存在积极影响的比例

调查中，很多市场主体都对“有积极影响”表示肯定。广东省江门市的一名受访市场主体表示，“最近有所好转，国家相关鼓励政策也带来了很多便利”。江西省南昌市的一名受访市场主体也表示肯定，“从前办事要走各种人际关系，现在政府办事态度好了很多，都十分敬业”。

二　市场主体面临的主要困难

（一）疫情影响、市场竞争激烈、要素成本高是目前做生意遇到的主要困难

在调查中，调查组访谈市场主体“您认为，目前在本地做生意遇到的主要困难是什么”。如图 16 所示，2022 年认为疫情影响是目前在本地做生意遇到的主要困难的市场主体比例最高，为 27%；排名第二的困难是市场竞争激烈，占比达 18%；排名第三的困难是房租成本高，占比达 13%；排名第四的困难是劳动力成本高，占比达 11%。

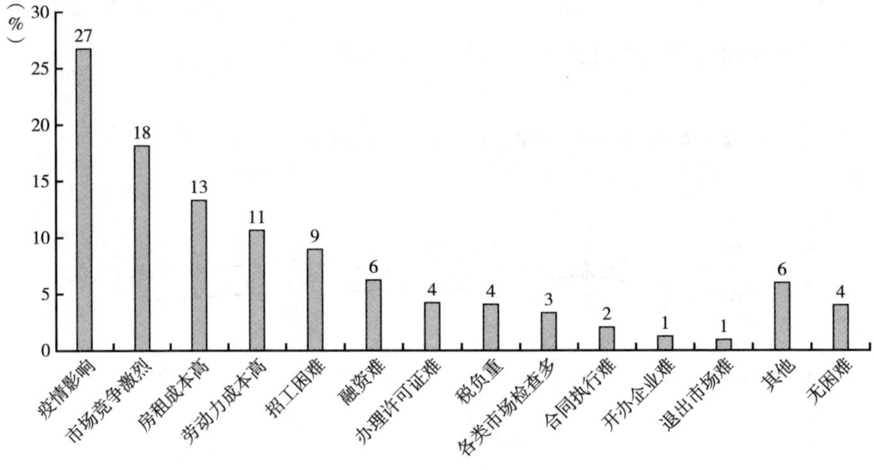

图 16　2022 年市场主体投票目前生意遇到的主要困难

（二）按规模划分，小微企业遇到的困难更大

从企业规模来看，2022 年小微企业认为“新三难”是主要困难的比重均高于大中型企业。如图 17 所示，2022 年小微企业和大中型企业认为疫情影响、市场竞争激烈和房租成本高是做生意遇到主要困难的市

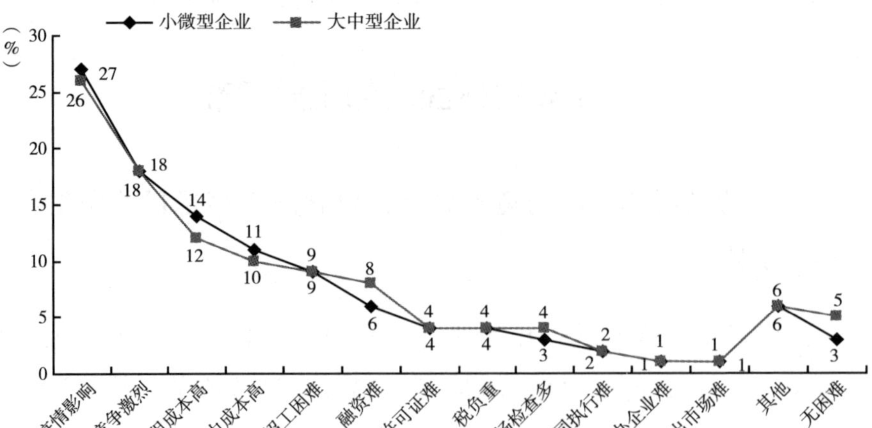

图 17　2022 年不同规模市场主体投票目前生意遇到的主要困难

场主体占比均排名前三。其中小微型企业认为疫情影响是目前在本地做生意遇到的主要困难的市场主体占比为 27%，比大中型企业高 1 个百分点；认为市场竞争激烈的占比 18%，与大中型企业相同；认为是房租成本高的占比 14%，比大中型企业高 2 个百分点。小微企业市场主体受到“新三难”困扰的市场主体占比较高。

（三）按行业划分，服务业市场主体遇到的困难更大

与其他行业相比，2022 年服务业市场主体中认为“新三难”是做生意主要困难的市场主体占比较高。如图 18 所示，服务业市场主体中认为主要影响是疫情影响的市场主体占比最高，为 27%，与新兴行业占比一致，比工业建筑业高 2 个百分点；排名第二的是市场竞争激烈，占比为 19%，比新兴行业高 2 个百分点，比工业建筑业高 3 个百分点；排名第三的是房租成本高，占比为 15%，比新兴行业高 2 个百分点，比工业建筑业高 6 个百分点。服务业市场主体认为疫情影响、市场竞争激烈和房租成本高是目前遇到主要困难的比例均不低于新兴行业和工业建筑业市场主体。

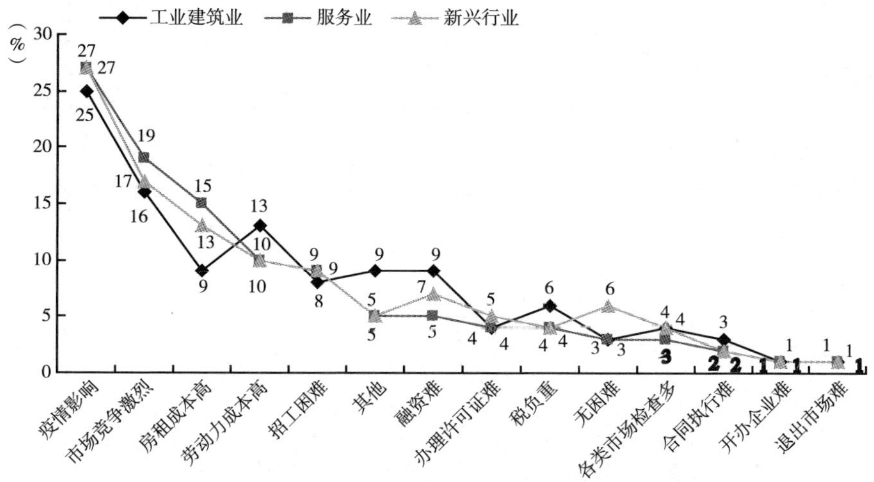

图 18　2022 年不同行业市场主体投票目前生意遇到的主要困难

三 小结

2022 年我国“放管服”改革深入推进，各行业不同规模市场主体的满足感、获得感总体呈上升趋势。2018~2022 年，市场主体认可“省时间”比例保持在 86%以上，认可“省费用”比例持续上升，认可“放管服”改革对企业经营有积极作用的保持在 60%以上，各行业不同规模市场主体的获得感总体呈上升趋势，“放管服”改革稳步推进，成效显著。

2022 年，疫情影响、市场竞争激烈、房租成本高和劳动力成本高是企业面临的主要困难，按照企业规模划分，小微型企业和服务业企业更是“难上加难”。

市场主体眼中的营商环境标杆城市*

从市场主体的视角来看，哪个省份是市场主体眼中的营商环境标杆？在来自不同省份的市场主体眼中，本省应该向谁对标学习？本部分从市场主体视角出发，度量和识别各省市场主体眼中的对标学习省份，具体报告如下。

一　各省区市营商环境的口碑

（一）2022年广东、上海、浙江营商环境得票位居前三

在调查中，调查组访谈市场主体“据您了解，您认为全国除本省外，做生意环境相对较好的省区市有哪些（至多选择三个省份）”。对上述调查问题的结果进行汇总，可以得出各省区市营商环境得票率；得票率越高，代表营商环境口碑值越高，代表外省市场主体对本省营商环境的综合评价越高。如图1所示，2022年得票率最高的省份为广东，得票率为51%，意味着全国51%的非广东市场主体认为广东的营商环境好；排名前六的其他省份及得票率分别为上海（42%）、浙江（35%）、北京（28%）、江苏（20%）、福建（10%）。

---

* 执笔人：莫景欣、王子晗。

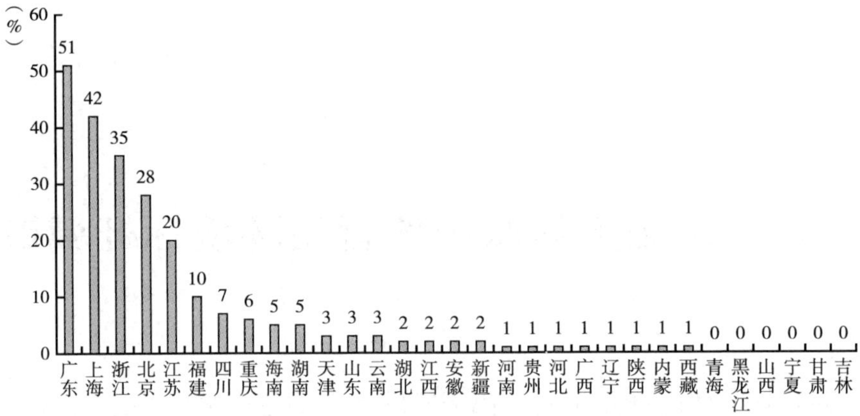

图 1　2022 年各省区市营商环境得票率

注：2022 年对得票率计算方式进行更新，2018～2022 年计算方式保持一致。

（二）2018～2022年各省营商环境口碑比较稳定

2018～2022 年全国各省区市营商环境得票率比较稳定。如图 2 所示，2018～2022 年，广东、浙江、上海、北京、江苏和福建六省营商环境排名始终稳居全国前六名，得票率均超过 10%，其余省份得票率也较为稳定，普遍低于 10%。

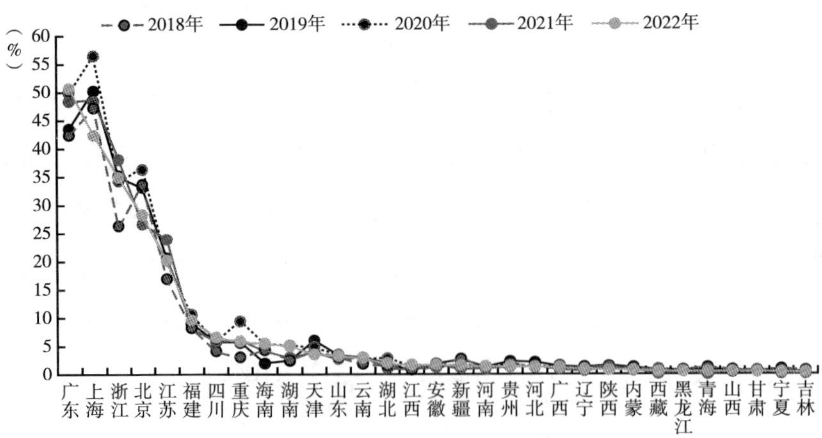

图 2　2018～2022 年各省区市营商环境得票率

（三）广东省得票率首次位居第一

2018 年以来，广东营商环境得票率首次超越上海，位居全国第一。如图 3 所示，广东省自 2018 年以来营商环境得票率整体呈现上升趋势，2022 年得票率为 51%，首次超越上海居全国第一，相较 2018 年上升了 9 个百分点。2018~2021 年上海营商环境得票率连续 4 年排全国第一，但 2021~2022 年得票率略有下降，2022 年得票率为 42%，比 2018 年低 5 个百分点。2018 ~ 2022 年浙江得票率稳中有升，2019 ~ 2022 年在 34%~38%浮动，2022 年得票率为 35%，比 2018 年高 9 个百分点。

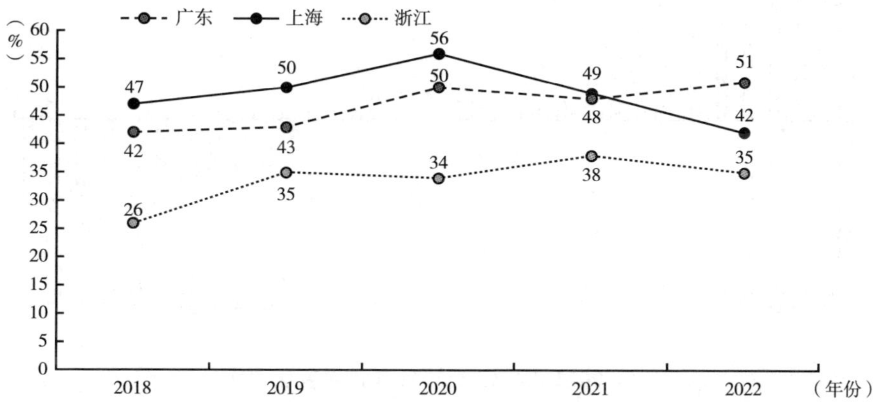

图 3　2018~2022 年广东、上海和浙江营商环境得票率

（四）与2021年相比，湖北、江西、新疆排名进步最大

从营商环境得票率排名情况来看，近 80% 的省份排名有所波动。如图 4 所示，2022 年，江西、湖北、新疆等 12 个省份的营商环境得票率排名有所进步，占全国省份的比重为 39%；浙江、北京、江苏、福建、海南、河南等 6 个省份的营商环境得票率排名没有发生改变，占全国的比重为 19%；上海、重庆、天津等 13 个省份的营商环境得票率排名下降，占全国的比重为 42%。

湖北、江西、新疆的营商环境得票率排名提升幅度最大。如图 4 所示，在营商环境得票率排名上升的省份中，上升幅度排名前三的省份分别为湖北、江西、新疆，均提升 5 个位次，其中湖北省由 2021 年的第 19 名上升至第 14 名。从湖北的市场主体反馈来看，他们切实地感受到了营商环境的改善。一位市场主体表示，“我基本每天都跑这边，他们办事效率还是很高的”。另外，政务服务中心的工作人员热情的态度也让部分群众深有感触，“从前办事要走各种人际关系，现在政府办事态度好了很多，都十分敬业”。

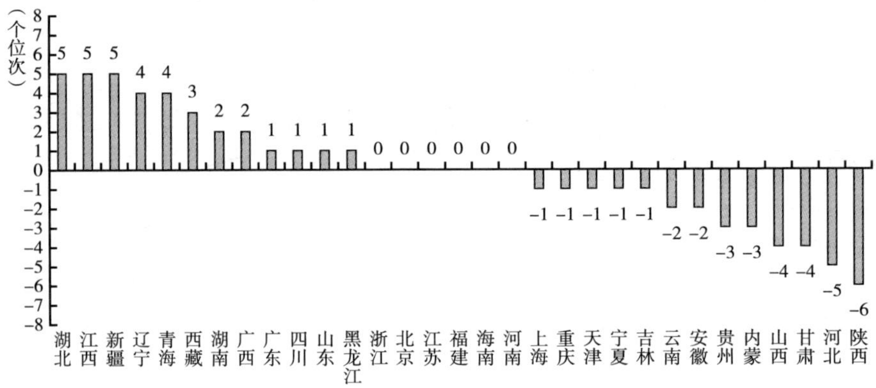

图 4　2022 年相较于 2021 年排名变化位次

二　各省区市市场主体眼中的对标省份

（一）对标省份呈现北京、上海、广东“对标三角”模式

本报告综合 2018~2022 年调查结果，识别 29 个省区市市场主体眼中的对标省份。[①] 具体而言，本报告将该省份市场主体投票占比最高的

---

① 因调查未前往西藏，辽宁样本不足，故仅报告 29 个省份的对标省份。实际计算过程中不同省份的样本数量存在差异，但超过 90%的省份有不少于两年的数据。

省份记为该省的对标省份。例如，广东共有 2351 个市场主体参与投票，其中 1372 个市场主体认为上海营商环境较好，则上海在广东的营商环境得票率为 58%；964 个广东市场主体认为浙江营商环境好，则浙江在广东的营商环境得票率为 41%；803 个广东市场主体认为北京营商环境好，则北京在广东的营商环境得票率为 34%，上述省市是广东市场主体投票比重最高的三个省份。同理可得全国其他 30 个省份在广东的营商环境得票率，其中上海得票率最高，因此从市场主体的视角来看，广东营商环境建设的对标省份为上海。

从对标省份的分布特征来看，全国各省区市的对标省份集中为北京、上海、广东，呈现“对标三角”模式。如图 5 所示，在 29 个省份中，13 个省份的对标省份为广东省，占比为 45%；12 个省份的对标省份为上海，占比为 41%；3 个省份的对标省份为北京，占比为 10%；1 个省份的对标省份为浙江，占比为 3%。

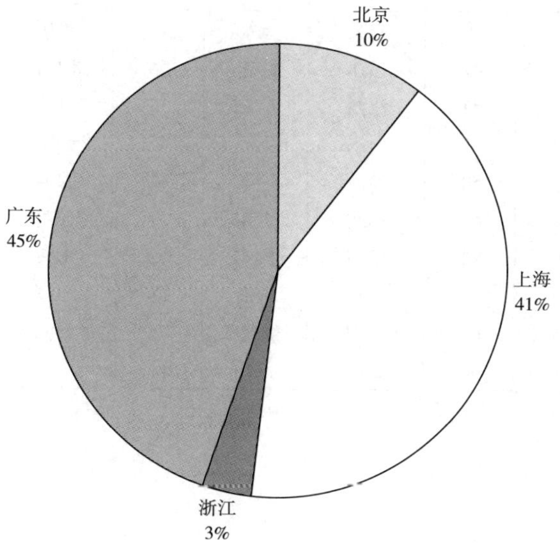

图 5　各省份市场主体眼中的营商环境对标学习省份

注：本报告的数值保留至个位，故可能出现总和不为 100%的情况。

（二）对标省份是企业共同选择的结果

从对标省份的具体口碑数值来看，对标省份大多得到了超半数企业的认可，是企业共同选择的结果。根据营商环境口碑的定义可知，如果对标省份评价口碑高于 50，则代表本地有半数以上的企业认可对标省份的营商环境。从表 1 来看，评价口碑不低于 50 的对标省份占比 62%。其中，在选择广东为对标省份的 13 个省份中，有 9 个省份对广东营商环境的口碑不低于 50，占 69%；在选择上海为对标省份的 12 个省份中，有 7 个省份对上海营商环境的口碑不低于 50，占 58%；在选择北京为对标省份的 3 个省份中，只有 1 个省份对北京营商环境的口碑不低于 50，占 33%。

表 1　各省份市场主体眼中的营商环境对标省份及口碑

省份	对标省份	口碑	省份	对标省份	口碑	省份	对标省份	口碑
北京	上海	59	安徽	上海	48	重庆	广东	57
天津	北京	47	福建	广东	54	四川	上海	50
河北	北京	47	江西	广东	56	贵州	广东	47
山西	上海	47	山东	上海	45	云南	上海	50
内蒙古	北京	50	河南	广东	41	陕西	广东	42
吉林	广东	44	湖北	广东	57	甘肃	上海	41
黑龙江	广东	52	湖南	广东	62	青海	上海	55
上海	浙江	61	广东	上海	58	宁夏	上海	49
江苏	上海	67	广西	广东	74	新疆	广东	61
浙江	上海	60	海南	广东	76			

注：西藏未调查，辽宁访谈样本量不足，故数据缺失。

三　小结

本部分从市场主体视角出发，基于市场主体投票评价了全国 29 个省份营商环境口碑，发现以下特征。

第一，2022 年广东营商环境口碑最佳，全国有 51%的非广东市场主体投票认为广东营商环境较好。

第二，2018~2022 年全国各省份营商环境得票率整体较稳定，广东、浙江、上海、北京、江苏和福建六省市营商环境得票率列全国前六名。

第三，市场主体视角下对标省份分布呈现“对标三角”模式，29 个省份市场主体关于对标省份的选择集中为北京、上海、广东三省，其中 13 个省份选择对标广东，12 个省份选择对标上海，3 个省份选择对标北京，1 个省份选择对标浙江。

第四部分

“放管服”改革十年建设标杆

标杆城市一：北京*

一　北京“放管服”改革的实践过程

2013 年 11 月，习近平总书记在党的十八届三中全会强调，“推进国内贸易流通体制改革，建设法治化营商环境”，首次正式提出“营商环境”概念并作出了重要指示，开启了我国营商环境建设新征程。

本报告将 2015 年划分为北京市营商环境建设的起步阶段。2015 年 5 月，北京市出台了《北京市人民政府办公厅关于做好先照后证改革衔接工作加强事中事后监管的实施意见》，积极推进“先照后证”改革，推进工商注册便利化。9 月全国推行“三证合一、一照一码”登记政策，北京市将统计登记证纳入合办范围，实现工商、税务、质监、统计“四证合一”；2016 年 9 月再次“升级”，社会保险登记证也被纳入其中，北京市全面实行“五证合一”；此后北京市在“多照合一、一照一码”的道路上持续深耕细作，外贸领域“十五证合一”、涉企证照“二十四证合一”等陆续推出。

本报告将 2017 年划分为北京市营商环境建设的助跑阶段。2017 年 7 月，习近平总书记在中央财经领导小组第十六次会议上指出，“北京、

* 执笔人：张研、肖艾琳、秦缘、吴曼聆。

上海、广州、深圳等特大城市要率先行动，加大营商环境改革力度”。随后，北京市印发《关于率先行动改革优化营商环境实施方案》，主要围绕投资环境、贸易环境、生产经营环境、人才环境、法治环境五个方面提出了改革优化营商环境的具体措施，强调在企业登记、工程建设、获得电力、纳税、跨境贸易等方面优流程、减环节、减时间、降成本、优服务和强监管。

本报告将2018~2022年划分为北京市营商环境建设的冲刺阶段。北京市在《关于率先行动改革优化营商环境实施方案》基础上集中发布了“9+N”营商优化政策，出台了《北京市进一步优化营商环境行动计划（2018年—2020年）》，提出建设国际一流营商环境高地的目标。北京市还探索了“顶层设计+压茬推进”改革模式，一体推进简政放权、放管结合、优化服务，连续三年压茬出台了优化营商环境1.0~5.0版改革政策。据北京市发改委统计，5版方案迭代推出1034项改革举措，集中力量破解企业关键难点问题。1.0、2.0版改革主要围绕企业办事流程，在减环节、减时间上下功夫；3.0、4.0版分别围绕重点领域和七大环境深化和全面推进营商环境改革。2020年3月出台的《北京市优化营商环境条例》（以下简称《条例》），将北京市营商环境建设的成功政策、经验、做法上升为法规制度，确定了以告知承诺为基础的审批制度、以信用为基础的监管制度、以标准化为基础的政务服务制度、以新一代信息技术为基础的数据共享和业务协同制度、以法治为基础的政策保障制度等五大制度，其后相应配套政策的出台以及信息系统的完善，为《条例》的全面落地提供了坚实的保障。2021年12月，北京营商环境改革5.0顺势而出，重点围绕“创新+活力”开展北京市营商环境创新试点工作。

本报告将2023年划分为北京市营商环境建设的领跑阶段。2023年4月6日，北京市人民政府办公厅印发《北京市全面优化营商环境助力企业高质量发展实施方案》，着力从公平竞争的市场环境、良法善治的法治环境、开放包容的投资贸易环境、便利高效的政务环境和京津冀一流营商环境等五大方面入手全面优化营商环境，助力企业高质量发展，宣告首都营商环境建设进入助力企业高质量发展的新阶段（见图1）。

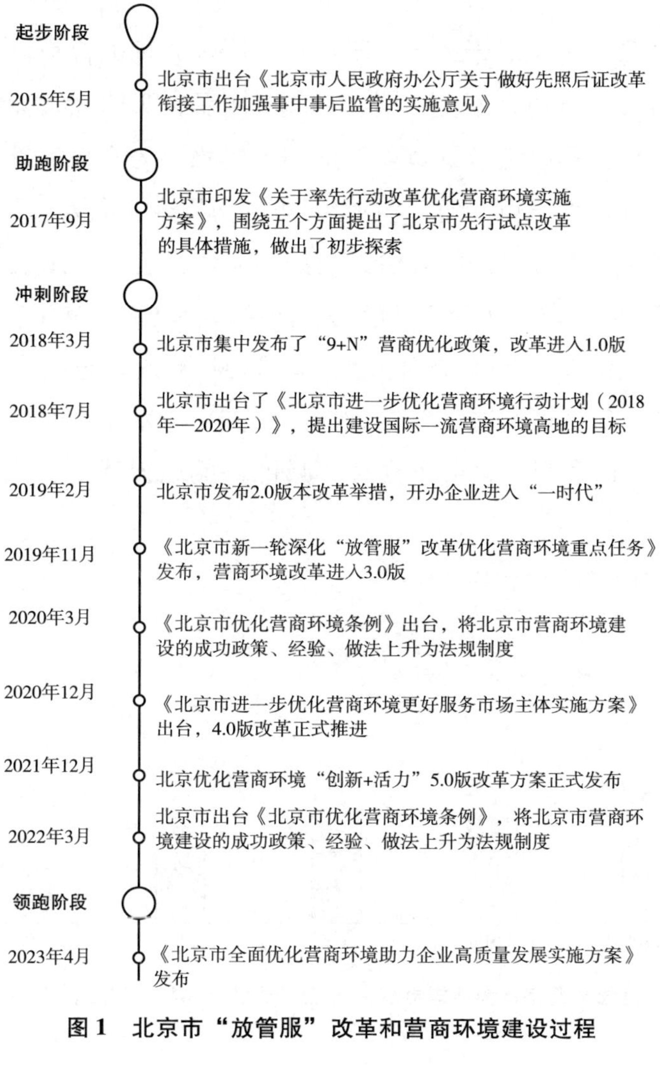

图1　北京市“放管服”改革和营商环境建设过程

二　北京“放管服”改革的主要成效

(一)“减证”认可度高于全国平均水平

五年来，北京企业对“减证”的认可度一直高于全国平均水平。在被问及“您认为相对于去年，所在行业所需办理的许可证（或涉证事项）增加、减少还是不变”时，如图2所示，2018年北京有42%的受访市场主体认可办证数量减少，全国平均水平为37%，北京比全国平均水平高5个百分点。随着“放管服”改革持续推进，“减证”的空间是越来越小的，认可办证数量减少的市场主体占比也会随之降低，到2020年，北京有36%的市场主体认可办证数量减少，与全国平均水平21%相比高了15个百分点。2022年调查数据显示，北京有18%的市场主体认可“减证”成效，与全国平均水平15%相比仍然高3个百分点。这表明，北京企业对“减证”的获得感一直高于全国平均水平。

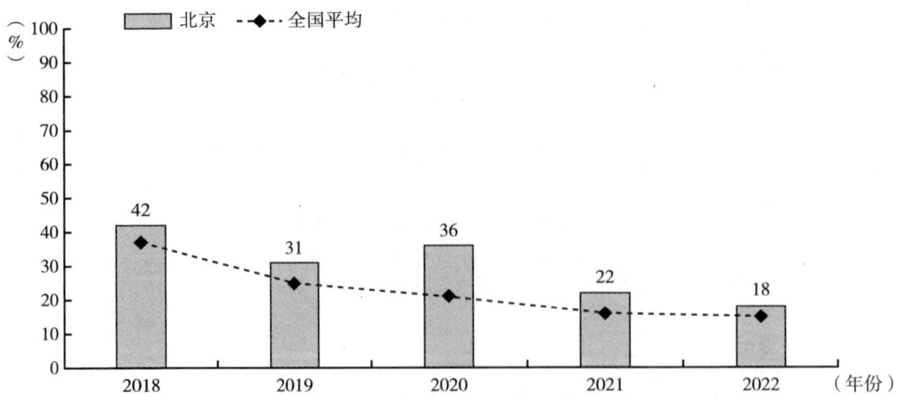

图2　全国和北京认为所需办理许可证（或涉证事项）减少的企业占比

（二）政务服务中心办事效率提升

2018~2021 年，北京企业在政务服务中心办事所需跑的次数减少。当被问及市场主体“在过去半年中，您来这个办事大厅办成一件事大致需要跑几次”时，如图 3 所示，2018 年北京市场主体办成一件事平均跑 2.5 次，2019 年减少至 1.9 次，2020~2021 年进一步减少至 1.6 次，持续下降；2022 年为 1.7 次。与全国平均水平相比，2018~2021 年，北京市场主体线下办事所需跑的次数低于全国平均水平。

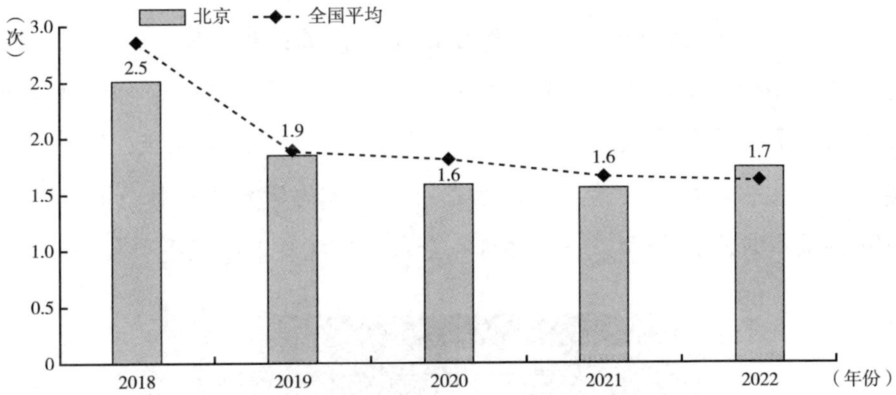

图 3　2018~2022 年办成一件事需要跑的次数

2018~2021 年，北京企业在政务服务中心办事花费的时间减少。当被问及市场主体“在过去半年中，除去交通往返时间，您每次来办事大厅办事要花费多长时间”时，如图 4 所示，2018 年北京市场主体办一件事平均每次花费 1.4 小时，2019~2021 年缩短至 1 小时左右，2022 年平均花费 1.34 个小时。与全国平均水平相比，2019~2021 年北京市场主体线下办事每次花费的时间比全国平均水平低 0.2 个小时。

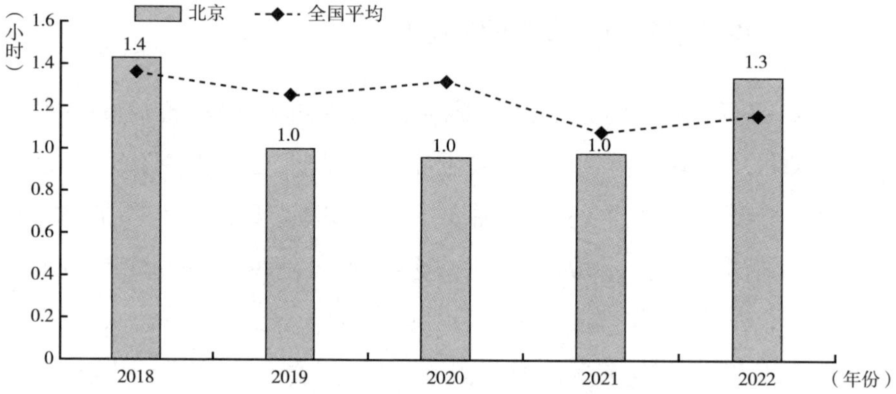

图 4　2018~2022 年每次办事花费的时间

典型做法一："办结承诺制"提高办事效率

在实地调查中，调查员看到北京市多个政务服务中心都公开做出办结承诺，如"在线办理，一天领照"、开办企业"一天拿执照，当天领发票"等。根据办事群众的反馈，北京市场主体的满意之处恰好在于线下办事的效率较高，表示"一般材料齐全来一次就可以办完事项"。

图 5　顺义区的公开办结承诺

图 6　通州区的公开办结承诺

典型做法二："延时服务+错峰服务"降低办事时间成本

在 2019 年调查期间，调查员在北京市通州区观察到"早上九点到下午五点，中午无休"的这一做法。在 2021 年调查期间调查员发现北京市各政务服务中心普遍推出了延时服务和周末错峰服务，解决办事群众"工作日没空办、周末没处办"的问题。延时服务是指大厅在工作日正常办公时间之外早晚延长半小时，午间不间断，持续开放不少办事窗口为群众办事，很多大厅早上人流量较小，在中午十一点后人流量增多，"午间不间断"方便了很多中午前来办事的群众。周末错峰服务即在周六"不打烊"，为工作日无法前往的群众提供业务办理服务。从北京市市场主体的反馈来看，"早晚弹性办""午间不间断""周六不休息"这几项服务为时间成本高、未能及时办结业务的市场主体带来了极大的便利（见图 7）。

典型做法三："窗口充足+无声叫号"让等待更少更从容

根据调查员观察，北京各政务服务中心进驻部门多、功能分区明确、窗口数量充足。比如，西城区某大厅把办理商事业务的窗口细分为税务办理、企业注销、企业变更、企业开办、综合业务等多个专区办理，20 余个人工窗口同时受理业务。再如，在东城区，2022 年中心综

图7　“延时服务+错峰服务”

合窗口数量达到58个，调查员实地考察了解到，每位群众的等待时间平均为5~10分钟。朝阳区亦如此，大厅设置有80余个窗口，且大部分都是开放的，群众来办事能够做到即办即走，大大减少了等待时间。在与办事群众交流中，他们表示“办事效率一年比一年高”，“基本来这里半个小时左右就能结束了”，“基本都在网上提交过相关材料，来现场只用去一个窗口领取结果或者上交纸质材料就行”。

2019年，朝阳区政务服务中心已不再设语音叫号，取而代之的是无声的滚动叫号屏幕和手机短信通知，并且在每张排号单上都有预计办理业务的时间点，减少了大厅内的嘈杂声音。叫号屏幕和手机短信同时通知办事群众，也能保证办事群众准时接收叫号信息，同时让大厅的秩序更加井然有序，办事群众在等待的过程中也更加舒适。

（三）数字政府知晓率、使用率、好用率均高于全国平均水平

一是北京市场主体对数字政府的知晓率高于全国平均水平。如图8所示，当被问及“本区是否可以在电脑或手机上办理业务”时，2019年北京受访市场主体中，有90%知晓数字政府，2020年为79%，2021

年为83%，2022年为88%，分别比全国平均水平高了21个百分点、2个百分点、6个百分点、11个百分点，一直高于全国平均水平。

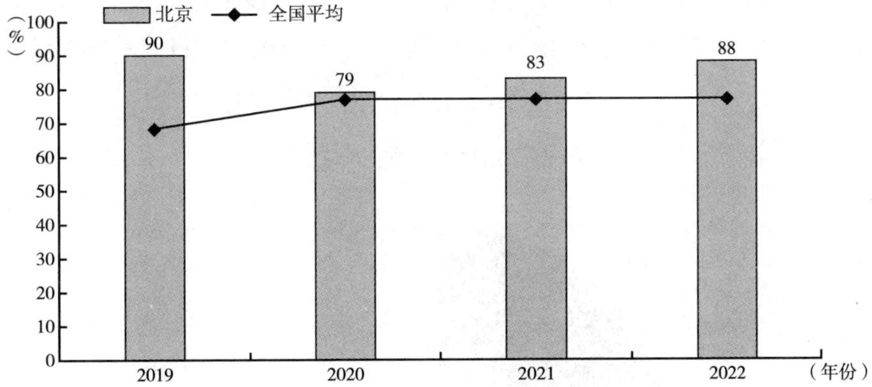

图8　2019~2022年数字政府知晓率

二是北京市场主体对数字政府的使用率高于全国平均水平。如图9所示，当被问及“您有在电脑上或手机上办理过业务吗”时，2019年北京受访市场主体中，有79%使用过数字政府，2020年为64%，2021年为70%，2022年为77%，分别比全国平均水平高了26个百分点、2个百分点、11个百分点、13个百分点。这表明，北京数字政府正处于大规模使用阶段，其使用率一直高于全国平均水平。

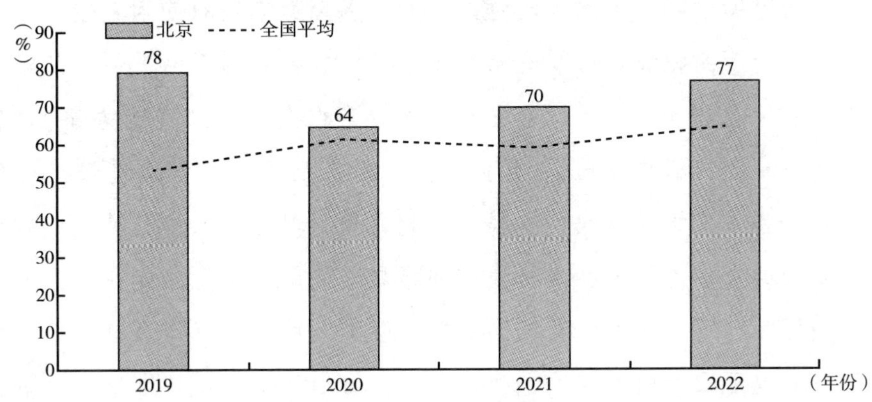

图9　2019~2022年数字政府使用率

三是北京数字政府的好用率高于全国平均水平。当被问及“您认为现在电脑上或手机上的办事系统好用吗”时，如图10所示，2022年北京有21%的市场主体认为数字政府非常好用，49%的市场主体认为数字政府比较好用，两者相加，有70%的市场主体认为数字政府好用。就全国平均水平而言，2022年有45%的市场主体认为数字政府好用。这表明北京数字政府的好用率高于全国平均水平。

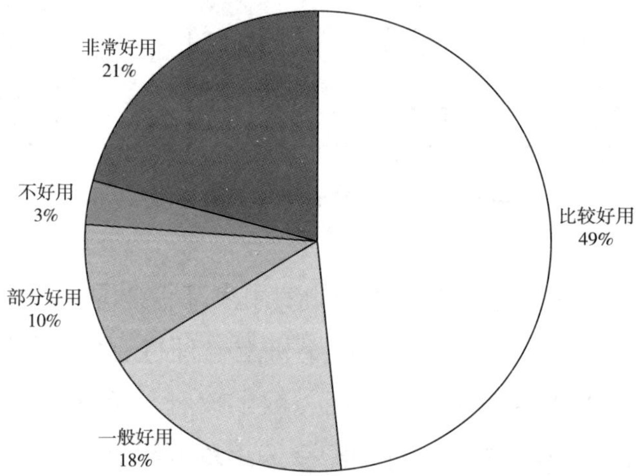

图10　2022年北京市70%的市场主体认为线上办事系统好用

典型做法四：工作人员推广引导，提高数字政府使用感受

办事大厅的积极宣传是北京数字政府知晓率高的原因之一。从实地调查来看，北京各办事大厅都在积极向办事群众宣传“线上办事”。朝阳区在办事宣传栏内清晰展示了该区有哪些业务是可以通过线上办理的，以及新系统的具体操作流程。除此之外，现场的工作人员也会对前来办事的群众宣传线上办事新渠道并指导其使用，市场主体在线上办事遇到问题时也可以通过电话联系的方式咨询大厅前台工作人员。除了朝阳区，其他区政务服务大厅也将新程序上线通知、通道二维码和办事流程等放在较为醒目的位置。在调研过程中，北京绝大部分办事群众都知

道可以在电脑或手机上办理相关业务，并表示有通过电脑政务服务网或手机 App 等渠道来了解办事信息或查询具体业务（见图 11～图 13）。

图 11　朝阳区宣传栏

图 12　西城区对线上办事的宣传

工作人员主动提供帮助，是北京数字政府使用率高的原因之一。在实地调查过程中，调查员发现北京市各政务服务大厅内的工作人员数量比较充足、服务态度热情积极。以海淀区政务服务大厅为例，大厅每层楼都有 4~6 名工作人员分布在各个办事区域，专门负责引导群众，一看到办事群众进入大厅就会主动询问其要办理的事项并予以指引，耐心地将办事群众引导至相应的区域，工作人员看到大厅内对业务办理存疑的办事群众也会

图 13　海淀区大厅内设宣传线上业务海报

主动上前询问并提供帮助。同时，北京市大部分区的政务服务大厅正对门口的咨询台处、叫号机旁、办事分区大厅中央、政务一体机旁一侧等位置都有工作人员，他们会热情地给予相应的业务指引，同时也会引导办事群众使用网上办事渠道，在咨询工作人员业务办理流程时，工作人员会提供相应的宣传单（内容包括清晰的业务指引及相应的网站、App、二维码等)，帮助更多的办事群众接触并使用线上办事系统，有力地推广数字政府。

典型做法五：新硬件不断引入，提供办事新方式

除人工窗口之外，北京市每个政务大厅皆设有自助服务区，放置了各类自助办理业务的终端。比如，顺义区的政务服务便民自助终端，可以实现 50 多个部门业务的自助办理，涵盖了大厅的多数业务。据调查员观察，现场多数市场主体会使用大厅提供的电脑、政务一体机等硬件办理业务，市场主体对北京市数字政府的满意度、支持度较高（见图 14~图 18)。

此外，北京市顺义区于 2018 年引入了“顺顺”机器人，提供咨询服务。据调查员观察，“顺顺”会主动上前询问正在等候区等候的办事人员需要什么帮助，并且可以和办事群众进行语音交流，提供大厅办理

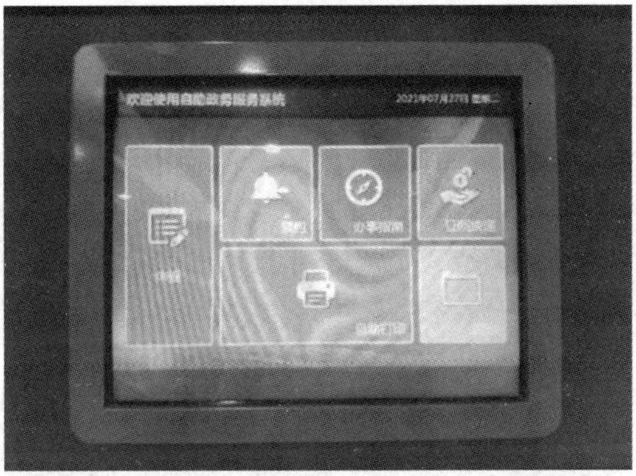

图 14　2022 年朝阳区自助政务服务系统

图 15　政务服务便民自助终端

图 16　2018 年通州区自助服务区

图 17　便民自助终端主界面

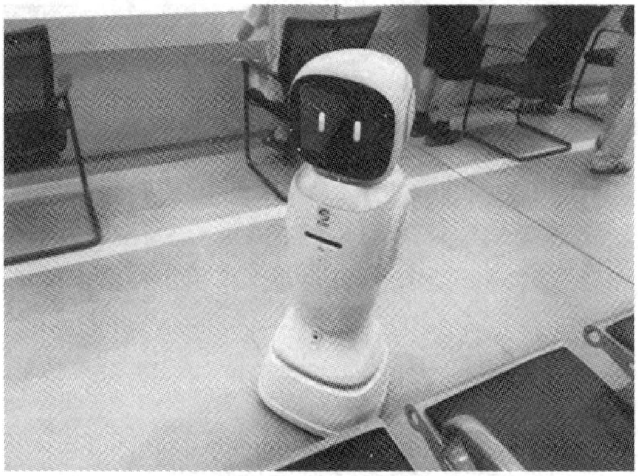

图 18　顺义区政务服务机器人“顺顺”

全部事项的咨询、答疑服务。除了语音交流，“顺顺”还会通过推送图片、播放视频等方式向群众提供办事流程、大厅分布、行车路线、联系方式等信息，省去了部分群众排队咨询的时间，进一步便利了办事群众。

标杆城市二：上海*

一　上海“放管服”改革的实践过程

本报告将2013年划分为上海市营商环境建设的改革试点阶段。2013年9月，《国务院关于印发中国（上海）自由贸易试验区总体方案的通知》提出了深化行政管理体制改革、扩大服务业开放、探索建立负面清单管理模式、创新监管服务模式等战略性目标，为“放管服”改革指明了方向。随后，《国家工商行政管理总局关于支持中国（上海）自由贸易试验区建设的若干意见》提出在自由贸易试验区进行试点，规定“除法律、行政法规对公司注册资本实缴另有规定的外，在自贸区内的其他公司试行注册资本认缴登记制”。

本报告将2015~2016年划分为上海市营商环境建设的全面推进阶段。2015年3月，《国务院关于取消和调整一批行政审批项目等事项的决定》提出加大简政放权力度。2015年8月，《上海市人民政府关于印发本市2015年推进简政放权放管结合转变政府职能工作方案的通知》对推进商事制度改革、改革各类审批制度、创新监管方式与优化服务等方面均提出了要求。2016年9月，《上海市人民政府关于印发本市推进简政放权放管结合优化服务改革工作要点的通知》明确了上海市推进

* 执笔人：刘洁仪、肖艾琳、秦缘、吴曼聆。

简政放权放管结合优化服务改革工作要点，全面推进放管服改革。

本报告将2017~2022年划分为上海市营商环境建设的深化改革阶段。2017年9月，上海市人民政府印发《2017年上海市深化简政放权放管结合优化服务改革工作方案》，持续深化简政放权、放管结合、优化服务改革，全面推进政府效能建设，为上海市经济社会发展营造良好的营商环境和市场环境。2019年9月，《上海市人民政府关于本市进一步促进外商投资的若干意见》进一步扩大对外开放，积极促进外商投资，保护外商投资合法权益，以构建更优质的营商环境。2020年1月，《上海市人民政府办公厅印发〈关于深入推进"一网通办"进一步加强本市政务服务中心标准化建设与管理的意见（试行）〉的通知》提出打造优质高效有温度的政务服务，加快推进政务服务线上线下深度融合，持续提升行政效能和政务服务水平，不断增强企业和群众的获得感、满意度。

本报告将2022年至今划分为上海市营商环境建设的全面深化改革阶段。2022年2月，上海市人民政府印发《2022年上海市深化"放管服"改革工作要点》，从全链条精简优化审批手续、全过程促进公正高效监管、全周期提升政务服务能级、全领域打造一流营商环境、全方位支持区域创新发展、全力推动改革措施落地见效等方面详细阐述了全面深化商事制度改革的工作要求，持续推进和深化商事制度改革（见图1）。

二　上海"放管服"改革的主要成效

（一）政务服务中心功能分区清晰，硬件各具特色

上海各区政务服务中心均配有空调、茶水间、卫生间、休息桌椅，办事环境安静舒适；电脑、LED屏幕、自助取号机、政务服务一体机等信息化设备一应俱全；大部分政务服务中心配备打印机、复印机与碎纸机，方便市场主体办事材料的准备（见图2、图3）。

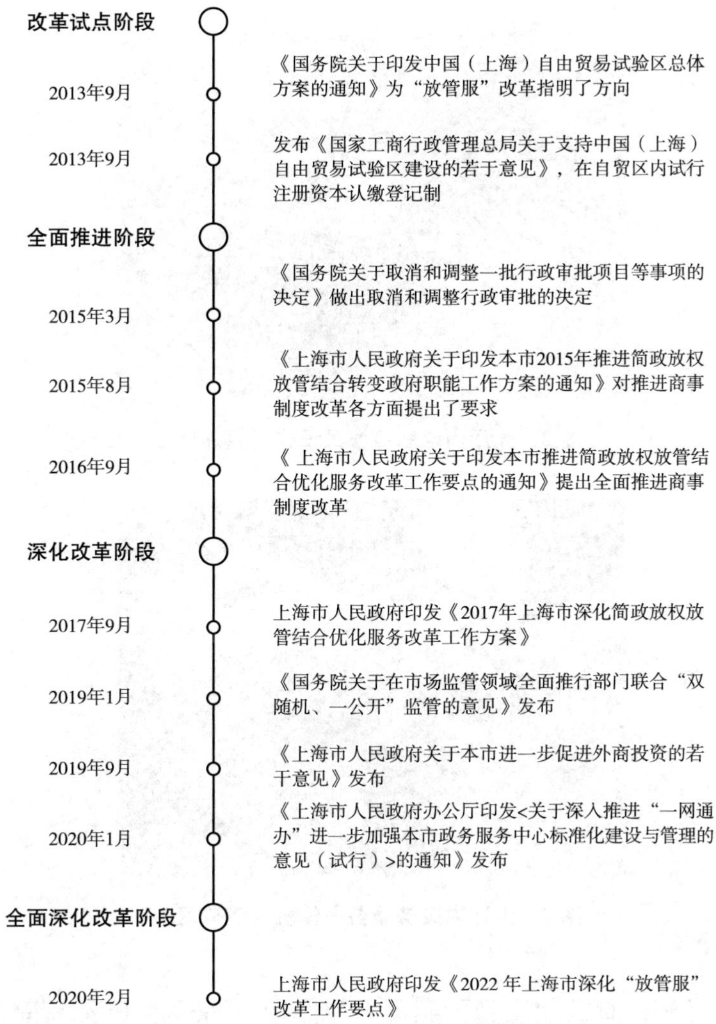

图 1　上海市“放管服”改革和营商环境建设过程

其中，各区政务服务中心在硬件设施上也各有特色。浦东新区大厅不仅有哺乳室等贴心无障碍设备，还有自动售货机和咖啡店等便民设施，无微不至地关注到办事群众的各类需求。黄浦区政务服务大厅分为两层，第一层以自助办理为主，第二层则主要是办事审批窗口，办事窗口功能分区非常清晰，分别设有开办企业“一窗通”服务专区、长三

图 2　大厅内电脑等便民设施（黄浦区）

图 3　大厅内政务服务一体机（黄浦区）

角审批专区等，有效地起到了业务分流作用，缩短办事主体等待时间，提升办事效率。徐汇区和奉贤区大厅的自助区已实现 24 小时提供服务，可办理智能导办、视频咨询、人证核验、材料智审、自助交件和呼叫服务等 12 个主题服务（见图 4、图 5）。

上海大部分区政务服务中心指引信息明确，问询人员齐全，工作人员态度热情负责，整体办事效率较前几年也有了大幅提高。在 2021 年调查期间，一位虹口区的办事群众表示对政务服务十分满意，“现在政务服务已经好很多了，比如说，之前打印复印需要收费，现在这里你只

图 4　24 小时自助办事区（奉贤区）

图 5　办事窗口功能分区（黄浦区）

要带着卡过去打印那边，不仅不用收费，而且总是会有工作人员指导怎么弄之类的，也比较清楚”。

各区政务中心不断努力对政务服务进行优化。其中，浦东新区提供智能预检服务，办事群众取号后，可以先将准备好的材料拆除订书钉，交由导服台的工作人员进行智能预检，从而减少在窗口的办理时间，并且该区设有一网通办效率显示屏、找茬数据显示屏、服务满意度测评问卷及投票箱等，对服务情况进行实时公开；虹口区政务服务中心设置可按需机动调整业务的综合受理窗口，有效解决分配给商事业务的办事窗口不足问题，提高了政务服务效率，让政务服务资源得到了更有效的配置；静安区政务服务中心以“一口式服务”为特色，减少办事群体窗口选择的困惑，简化办事流程，使办事便利度大大提高；浦东新区和青浦区推出“一人专管专项”服务，若市场主体的业务未成功办理，之后再次前来大厅继续办理时，系统将会为其安排上一次负责办理的工作人员，在同一个办理窗口继续为该市场主体办理该项业务（见图6、图7）。

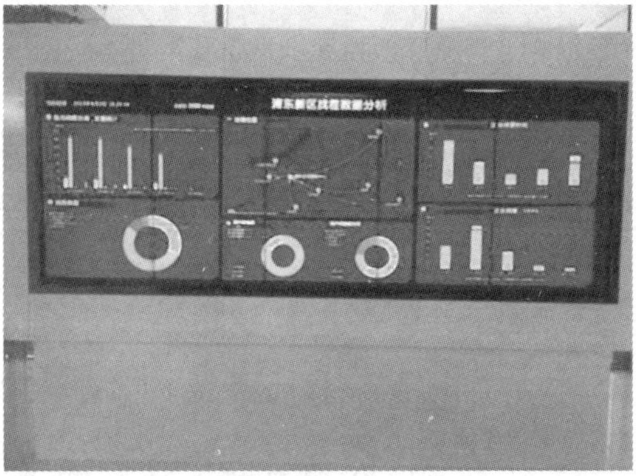

图6　找茬数据分析屏（浦东新区）

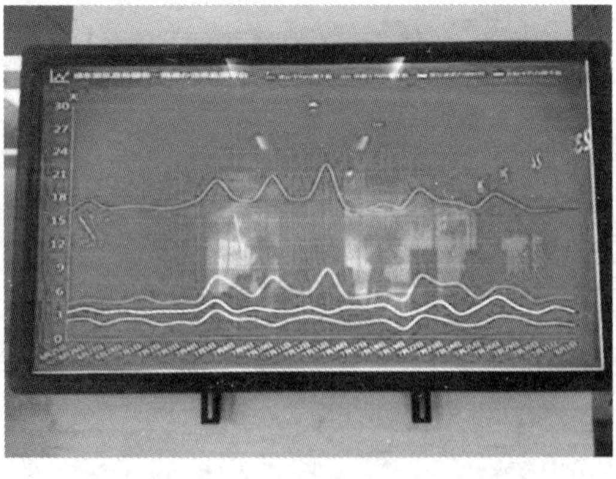

图7　一网通办效率显示屏（浦东新区）

（二）信用监管普及度高于全国平均水平

一是未被职能部门上门检查过的市场主体占比增加。课题组访谈市场主体“在过去一年间，政府部门是否上门进行检查”，并计算未被上门检查的市场主体占比。如图 8 所示，2019 年上海受访市场主体中，37%的市场主体未被职能部门上门检查过，比全国平均水平 19%高了 18 个百分点。2021 年，49%的上海市场主体未被上门检查过，比全国平均水平 34%高了 15 个百分点，体现出了在“互联网+信用”监管模式下对市场主体“无事不扰”的新监管理念。

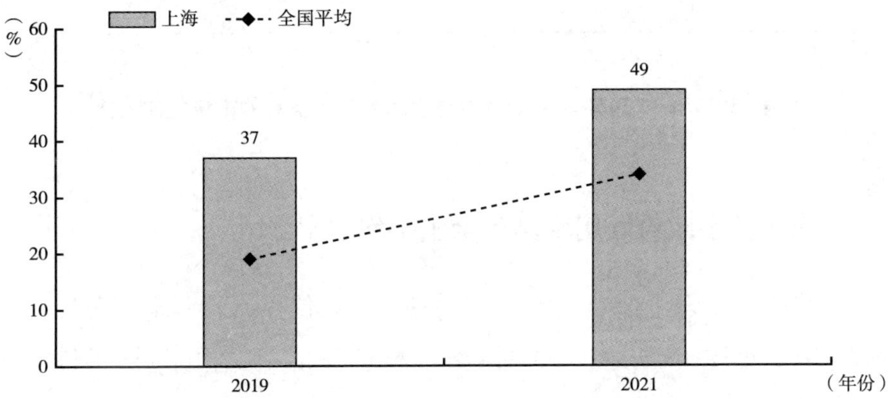

图 8　2019 年和 2021 年未被上门检查过的市场主体占比

注：课题组 2019~2021 年调查范围均覆盖上海，但 2020 年上海受访市场主体有效样本不足，故未予报告。下同。

二是查看信用信息的企业占比增加。在实地调查中，课题组访谈市场主体“贵企业需要与其他企业做生意或打交道时，会提前到网上（如国家企业信用信息公示系统）查看它的信用信息吗”。本报告基于市场主体的回答，计算通过国家企业信用信息公示系统或其他渠道查看对方信用信息的市场主体占比。如图 9 所示，2019 年上海有 74%的市场主体在与其他市场主体交易前会提前查看对方信用信息，与全国平均水平68%相比高6个百分点。2020年，上海82%的市场主体查看交易对方的信用信息，与全国平均水平73%相比高9个百分点。

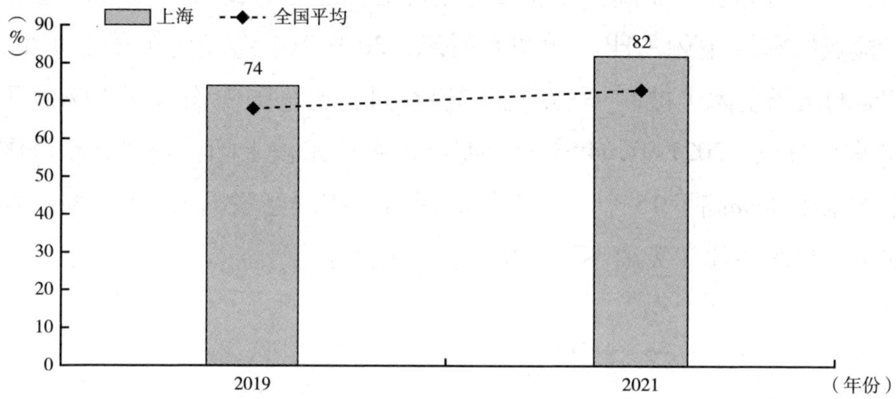

图9　2019年和2021年主动查看交易对象信用信息的市场主体占比

（三）数字政府好用率高于全国平均水平

上海受访市场主体对数字政府的知晓率和使用率均实现提升。从知晓率来看，如图10所示，当被问及“本区是否可以在电脑或手机上办理业务”时，2019年上海市有61%的市场主体表示知晓数字政府，2021年这一比例提升至67%，增加了6个百分点；与全国平均水平相比，2019年上海市场主体对数字政府的知晓率比全国平均水平低8个百分点，2021年比全国平均水平低10个百分点。从使用率来看亦如此，当被问及“您有在电脑上或手机上办理过业务吗”时，2019年41%的上海受访市场主体表示使用过，2021年这一比例提升至50%，增加了9个百分点；但与全国平均水平相比，2021年上海市场主体对数字政府的使用率比全国平均水平低了9个百分点（见图11）。不过需要指出的是，上海的数字政府知晓率和使用率低，可能是由于采用在政务服务中心随机访谈的调查方法遗漏了一部分使用数字政府但未到政务服务中心办事的市场主体。

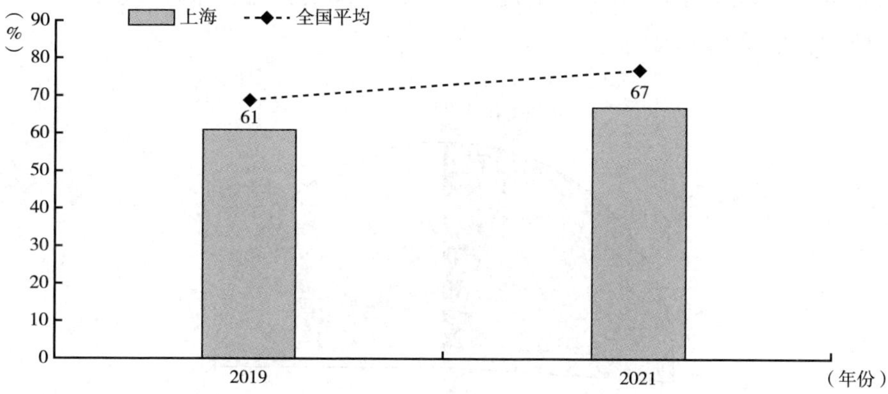

图 10　2019 年和 2021 年数字政府知晓率

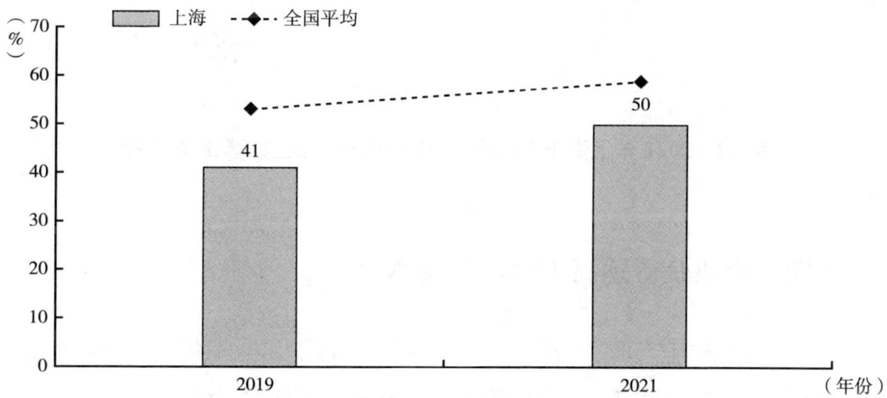

图 11　2019 年和 2021 年数字政府使用率

上海数字政府好用率高于全国平均水平。在实地调查中，课题组访谈市场主体“你认为现在电脑上或手机上的办事系统好用吗”。本报告基于市场主体的回答，计算办事系统的好用度所占比例。如图 12 所示，2021 年上海 25%的市场主体认为非常好用，49%的市场主体认为比较好用，两者相加共有 74%的市场主体表示线上办事系统好用；与 2021

年全国平均水平 40%相比，上海数字政府好用率高 34 个百分点。在 2019 年调查期间，一位徐汇区的市场主体表示“希望网上政务服务可以完全取代线下窗口，实现全程电子化”，体现出了上海市场主体对上海数字政府的较高期待。

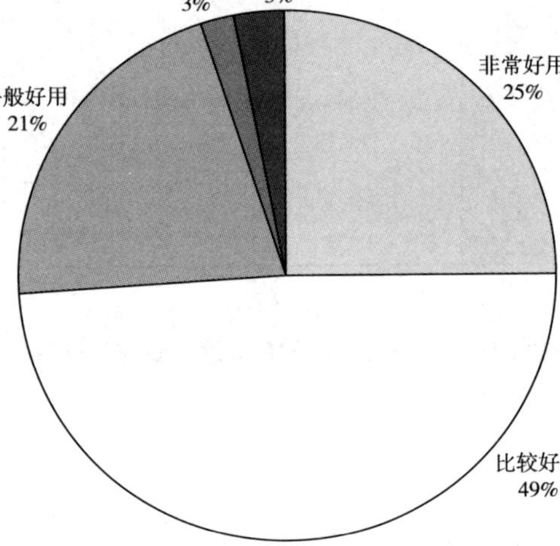

图 12　2021 年上海市 74%的市场主体认为线上办事系统好用

（四）企业获得感高于全国平均水平

一是上海认可“放管服”改革能够省时的市场主体占比高于全国平均水平。在实地调查中，课题组访问市场主体“据您了解，目前的放管服改革措施能够降低企业与政府打交道的时间吗”。如图 13 所示，2019 年和 2021 年分别有 94%、93%的上海市场主体认为改革能降低企业与政府打交道的时间，分别比全国平均水平高 7 个、2 个百分点。

二是上海认可“放管服”改革能够降费的市场主体占比高于全国平均水平。在实地调查中，课题组访谈市场主体“据您了解，目前的放管服改革措施，能够降低企业与政府打交道的费用吗”。如图 14 所示，2019 年和 2021 年上海分别有 73%和 95%的市场主体认为改革能

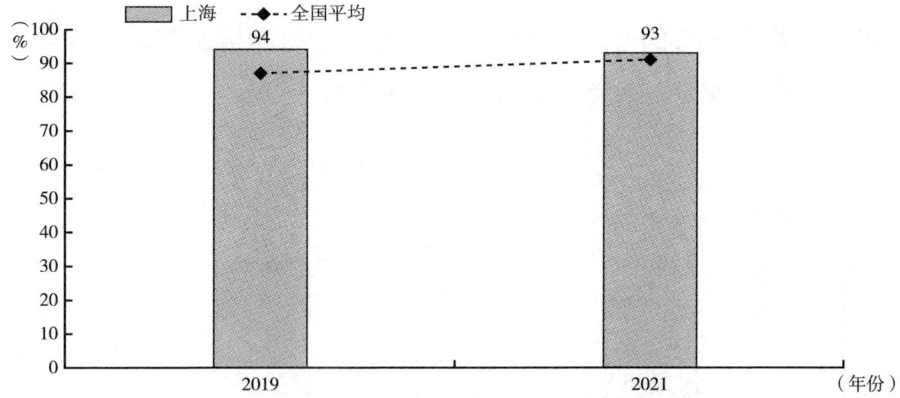

图 13　2019 年和 2021 年认可改革省时的企业占比

够降低与政府打交道的费用或者已经完全免费，增加了 22 个百分点；其中 2021 年有 45%的市场主体表示已经完全免费。2019 年和 2021 年上海市场主体对降费的认可度分别比全国平均水平高 1 个、4 个百分点。

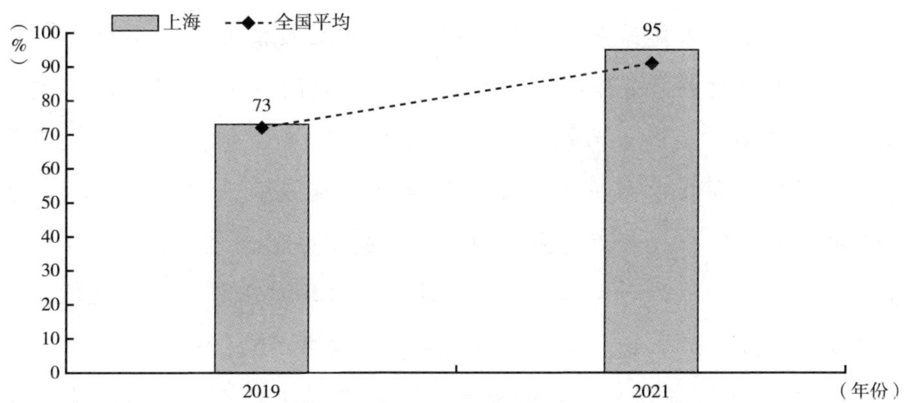

图 14　2019 年和 2021 年认可改革降费的企业占比

三是上海认可“放管服”改革对经营有积极影响的市场主体比例高于全国平均水平。在实地调查中，课题组访谈市场主体“据您了解，目前的放管服改革措施整体而言对贵企业有什么影响”。如图 15 所示，2019 年上海有 63%的市场主体认为改革对经营有积极影响，2021 年这一比例上升至 72%，比全国平均水平高 8 个百分点。

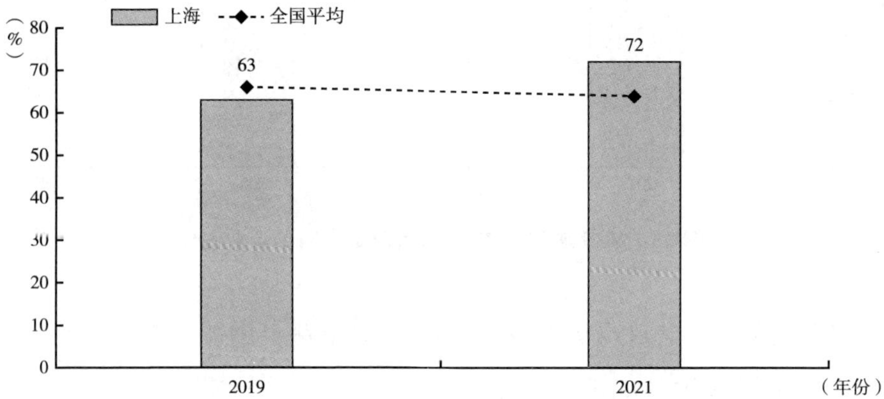

图 15　2019 年和 2021 年认可改革对经营有积极影响的市场主体占比

典型做法一：“一人专管专项”，提升办事效率

在《上海市人民政府办公厅印发〈关于深入推进“一网通办”进一步加强本市政务服务中心标准化建设与管理的意见（试行）〉的通知》的指导下，上海市为提升市场主体办事效率，推出了“一人专管专项”服务，即指由同一名工作人员在同一窗口负责同一个项目，直至该项目办理完成。若市场主体的业务未成功办理，之后再次前来大厅继续办理时，系统将会为其安排上一次负责办理的工作人员，在同一个办理窗口继续为该市场主体办理该项业务（见图 16）。

在 2021 年调查期间，一位浦东新区的市场主体表示这项特色服务可以大幅提高效率：“就是你第一个人找谁，下一次你还是找谁，他会对你的情况比较了解。第一次来了，你找到你的负责人，他会给你一个审核的看件单，说明哪些材料已经审查过了。如果第一次的材料完全没有问题的话，就当场受理；如果还有一些疑问的话，他会逐条列出清单，告诉你哪些事项需要注意，比如说企业需要遵照要求去规避哪些问题，把这些事情补办好之后再来提交给同一个工作人员，这样可以大大减少因重复审查而浪费的时间。”对此，这位浦东新区的受访者夸赞道：“浦东新区的政务服务很可以，浦东一直走在上海的最前端，它是上海的门户，所有的政策实施都是从浦东开始的。”同年在青浦区调查时，也有市场主体提到“一人专管专项”服务，并表示“每次都是这个窗口，都已经和窗口的人熟悉了”。

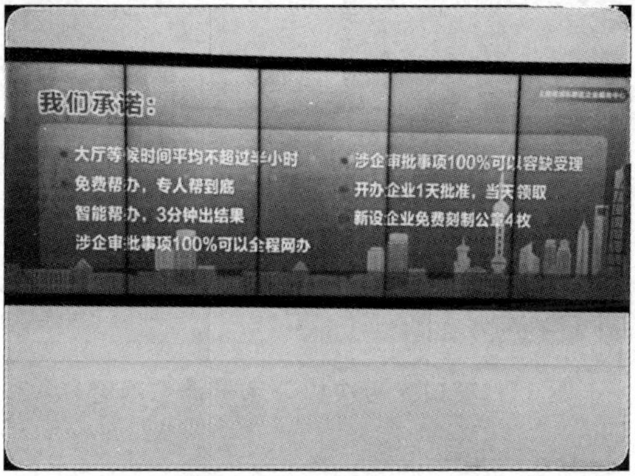

图 16 “一人专管”专项

典型做法二：“窗口无否决权制度”，优化政务服务质量

在《全面推进“一网通办”加快建设智慧政府工作方案》《上海市人民政府办公厅印发〈关于深入推进“一网通办”进一步加强本市政务服务中心标准化建设与管理的意见（试行）〉的通知》的指导下，上海市为优化政务服务，加快政务服务流程再造，在浦东新区推出了“窗口无否决权制度”试点，即对申请人提出的诉求，特别是涉及非标准化的申请事项，工作人员必须及时研究新情况、回应新要求、解决新问题，不得随意行使否决权。即便最终说“不行”，也要作出有根有据、合情合理的解释，甚至必要时由相关负责人直接出面向申请人作出答复解释。具体而言，“窗口无否决权制度”要求窗口人员对于不属于

受理范围的，要为申请人“指好路”，不能说“不知道”“不清楚”；对于不符合申请条件的，要对申请人“讲清楚”，需要什么要清单化，缺什么要告知得清清楚楚，怎么填写要格式化、要有样式，不能简单打回票；对于暂属于模糊地带或空白领域的，要建立快速便捷的沟通请示机制，敦促相关部门尽早研究、尽早答复（见图 17）。

图 17　窗口无否决权公示（浦东新区）

这一制度一经推行便受到市场主体的广泛好评，并于 2019 年入选“最受市民欢迎‘一网通办’十件事”。在 2020 年浦东新区调查期间，一位办事群众夸赞道：“自从这个制度推行以来，‘踢皮球’的现象确实减少了很多。”由此可见，“窗口无否决权制度”不仅能直接增强群众获得感和企业感受度，更能从一线需求中找到创新的灵感、改革的线索，从而不断优化政务服务，推进“放管服”改革不断深化。

标杆城市三：广东*

一　广东“放管服”改革的实践过程

2012~2013 年是广东省“放管服”改革试点阶段。2012 年 3 月，国家工商总局发布《关于支持广东加快转型升级建设幸福广东的意见》，指出以“宽入严管”为原则，对市场主体服务放得最宽，审批权力下放得最彻底，从重审批转向重监管措施最具体，包含了一批首创性政策。随后 2012 年 10 月，《国务院关于同意广东省“十二五”时期深化行政审批制度改革先行先试的批复》明确支持广东在行政审批制度改革方面进行先行先试，广东省率先拉开商事制度改革的帷幕。2012 年 11 月，国家工商总局对广东省工商局作出批复，同意扩大商事登记改革试点范围，在深圳市、珠海市、东莞市和佛山市顺德区开展商事登记改革试点。

2014~2017 年是广东省“放管服”改革的全面推进阶段。2014 年 1 月，广东省人民政府办公厅印发《广东省商事登记制度改革方案》，在全省全面推进商事登记制度改革，进行工商注册制度便利化，全面清理和精简工商前置审批事项，实施“先照后证”。2015 年 9 月，广东全面推开“三证合一”登记制度改革，实施“一照一码”登记模式。2016 年 7 月颁布的《广东省市场监管条例》是全国首部市场监管领域的综

* 执笔人：方可馨、肖艾琳、秦缘、吴曼聆。

合性法规，以法规形式确立信用承诺制度、信用信息统一归集公示制度、信用分类监管制度、失信惩戒机制等市场监管制度，统一了市场主体信用信息公开渠道。2016 年 10 月，“五证合一、一照一码”登记制度落地。2017 年 5 月，广东省工商局在全省范围内全面推广全流程电子化商事登记，以“互联网+商事登记”服务模式实现对各类市场主体、各类登记业务全覆盖。

本报告将 2018~2021 年划分为广东省“放管服”改革的深化阶段。在这一阶段的改革进程中，一是改革范围从准入阶段扩展到企业全生命周期，2018 年 7 月广东省政府印发《广东省深化商事制度改革行动方案》，创建覆盖企业准入、准营、退出全生命周期的商事制度改革新模式。二是推进数字政府建设，2018 年 10 月广东省政府印发《广东省“数字政府”建设总体规划（2018—2020 年）实施方案》，在全国率先启动数字政府建设；2018 年 5 月，全国首个集成民生服务微信小程序“粤省事”上线；2019 年 8 月正式上线“粤商通”App，将分散在多地多部门的高频涉企服务集成到同一平台，为广东省市场主体提供“一站式”服务。

本报告将 2021 年至今划分为为广东省“放管服”改革的全面深化阶段。2021 年 12 月，广东省政府办公厅印发《广东省全面深化商事制度改革三年行动计划》，加强与港澳规则的衔接，聚焦企业全生命周期便利服务，提出“到 2023 年底，市场主体登记制度更加健全、市场准入更加便利、涉企经营许可精简、市场退出制度完善、市场主体活力充分释放”等目标（见图 1）。

二　广东“放管服”改革的主要成效

（一）企业登记注册所需打交道的窗口数量减少

在实地调查中，调查员访谈市场主体“企业注册成立时，完成企

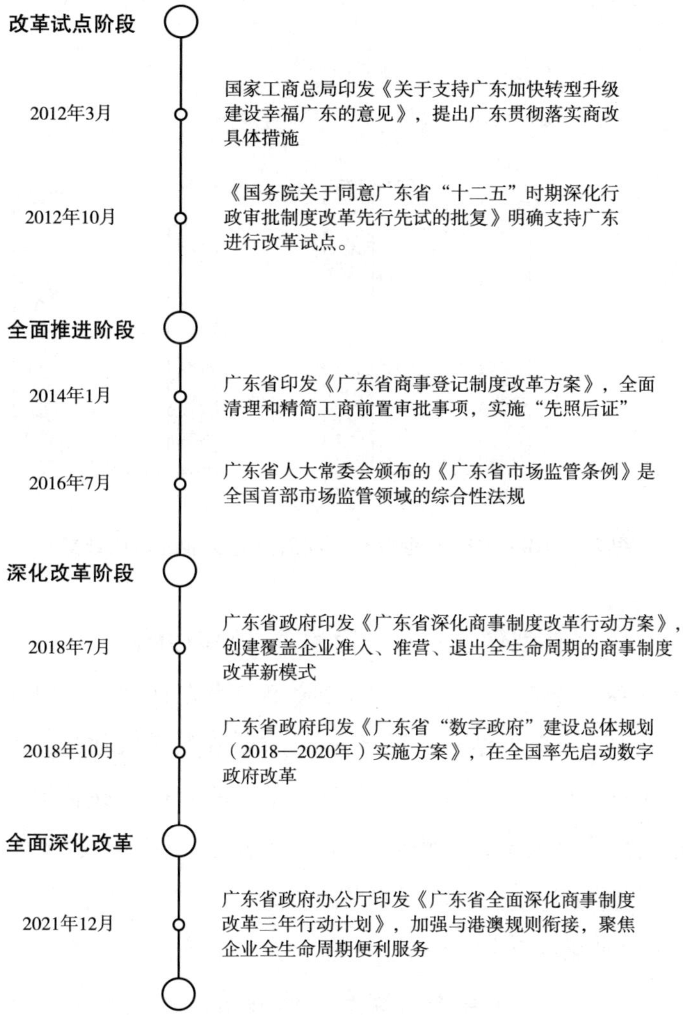

图1　广东省“放管服”改革和营商环境建设过程

业注册（拿到工商营业执照）所需交涉和沟通的办事窗口数量”。本报告基于市场主体登记注册年份、登记注册时所需交涉和沟通的办事窗口数量、办理许可证的数量等访谈数据，计算每年新登记注册的市场主体完成登记注册所需交涉和沟通的办事窗口数量。如图2所示，2018~2022年，广东省新增市场主体登记注册所需交涉沟通的窗口平均数量分别为 1.8 个、1.6 个、1.7 个、1.5 个和 1.7 个，总体呈现下降趋势。

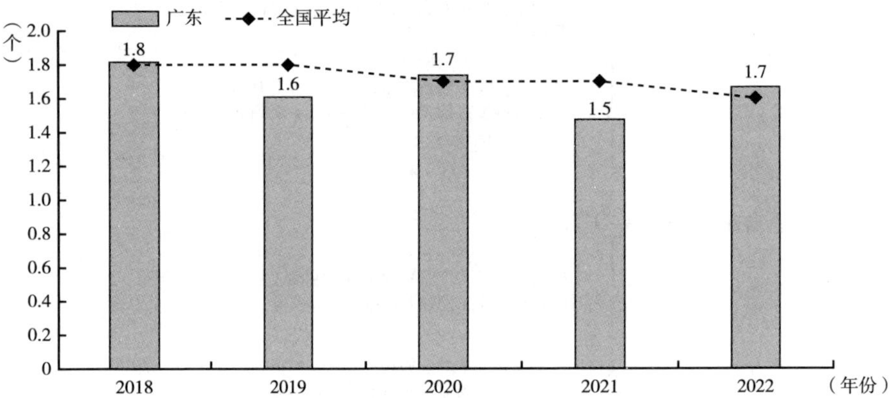

图 2　2018~2022 年企业登记注册所需交涉的窗口数量

典型做法一：一窗通办，限时办结

广东省在各政务服务中心开设综合窗口，大力推行“一窗受理、首问负责、并行办理、限时办结、一窗出件”。通过在政务大厅配备商事登记全业务自助一体机、电脑、扫描仪等办公设备，并开设业务咨询专线，安排经过专业培训的导办人员，全程便利市场主体线下办理业务（见图 3)。在 2020 年广州市调查期间，根据调查员的观察，各个窗口办理速度都较快，平均 20 分钟内可服务 2~3 位市场主体。不少市场主体表示“这里办事还是挺快的，你看取号不用等很久就会被叫到了，那些人在窗口办事也不用很长时间”“我们这些熟悉资料的来这里办事就很快了，10 分钟不到就可以办完。你看 8 号窗那个小姑娘办事最麻利了，每次到她那里办事 2 分钟我就可以办好了”。在 2021 年调查期间，受访市场主体表示，“开办企业一天就能拿到证书，很快”“现在比之前是快多了，原先注册企业至少都得一个月，而且还是要先办齐了各类证件才能营业，现在办一个营业执照也就一天，后续的证件可以开始营业之后补齐，更方便了”。

图 3　黄埔区政务服务中心智能政务服务一体机

（二）企业登记注册所需办理的许可证数量减少

2018 年 6 月，广东省工商局等 16 部门联合发布了《广东省实施全国统一“多证合一”改革暨外商投资企业商务备案和工商登记“一口办理”的通告》。在实地调查中，调查员访问市场主体，“企业在开始营业前，大致办了多少证”。本报告基于市场主体登记注册年份、登记注册时所需办理许可证数量等访谈数据，计算每年新登记注册的市场主体平均所需办证（或涉证事项）数量。如图 4 所示，2018～2022 年广东省新登记注册企业平均所需办理许可证（或涉证事项）的数量分别为 2.0 个、1.9 个、1.8 个、1.5 个和 1.8 个，总体呈现下降趋势。2018 年、2020 年和 2021 年广东省市场主体登记注册所需办理的许可证数量低于全国平均水平，其中 2021 年最低，比全国平均水平少办 0.3 个证。在 2020 年深圳市调查期间，一位市场主体表示，“以前有这个证那个证要办，三证合一之后只用办一个，而且会提前查询好要带的资料，来大厅一次就办好”。

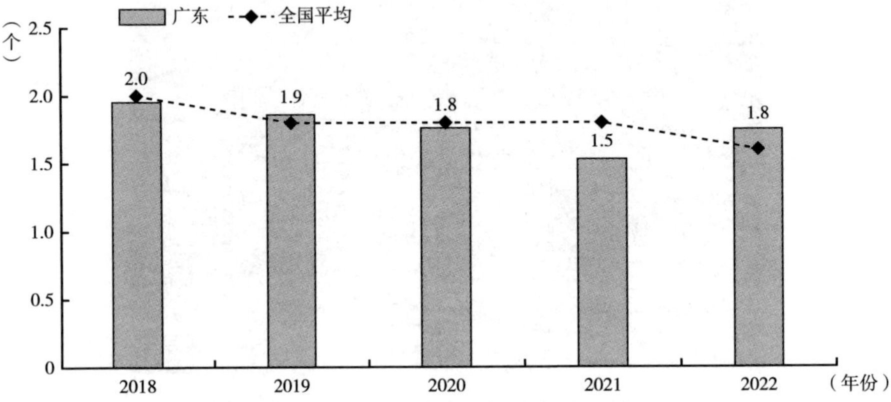

图 4　2018~2022 年企业登记注册所需办理的许可证数量

（三）查看国家信用信息公示系统的企业占比提高

在实地调查中，调查员访谈市场主体“贵企业需要与其他企业做生意或打交道时，会提前到网上（如国家企业信用信息公示系统）查看它的信用信息吗”。本报告基于市场主体的回答，计算在交易前提前到国家企业信用信息公示系统查看对方信息的市场主体所占比例。如图 5 所示，2018~2022 年在与其他市场主体交易前会提前到国家企业信用信息公示系统查看对方信息的企业分别占 58%、70%、68%、71%和 74%，总体呈现上升趋势；2019 年、2021 年、2022 年比全国平均水平分别高 4 个、3 个和 1 个百分点，说明国家企业信用信息公示系统在广东省的使用程度高于全国平均水平。

（四）数字政府知晓率、使用率、好用率高于全国平均水平

2019~2022 年广东受访市场主体对数字政府的知晓率有所提升。如图 6 所示，当被问及“本区是否可以在电脑或手机上办理业务”时，2019 年广东省有 58%的市场主体表示知晓数字政府，2020 年这

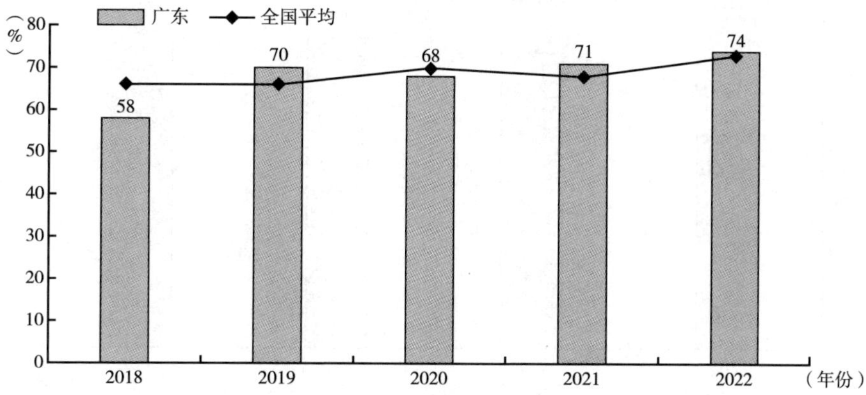

图 5　2018~2022 年企业查看国家信用信息公示系统的比例

一比例提升至 74%，2021 年进一步提升至 89%，2022 年为 76%，与全国平均水平相比差距缩小，并于 2021 年超过全国平均水平，说明广东省数字政府的推广卓有成效。

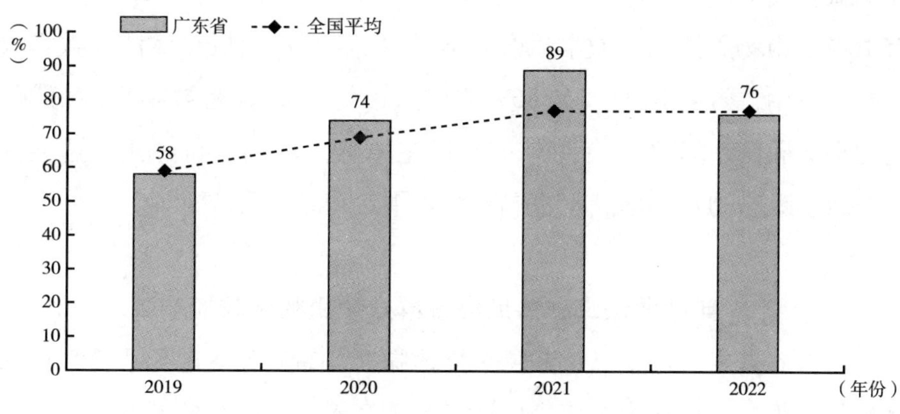

图 6　2019~2022 年数字政府知晓率

2019~2022 年广东省市场主体对数字政府的使用率逐年提升。当被问及“您有在电脑上或手机上办理过业务吗”时，如图 7 所示，2019 年有 44% 的广东省受访市场主体表示使用过，2020 年提升至 61%，

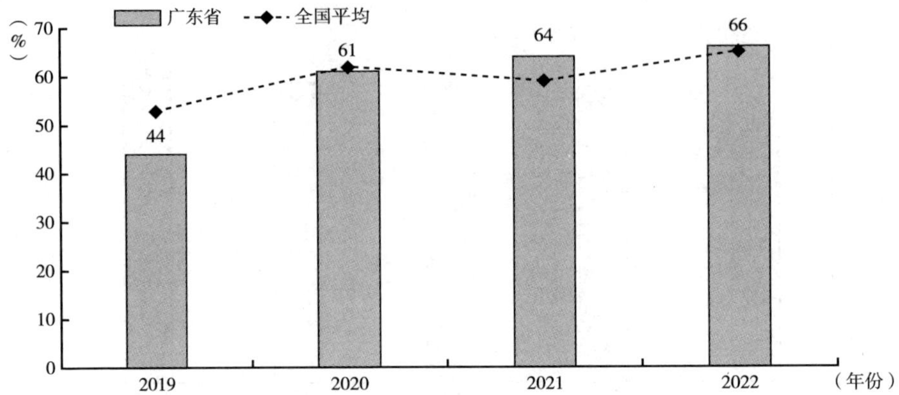

图 7　2019~2022 年数字政府使用率

2021 年和 2022 年分别进一步增加至 64%和 66%，与全国平均水平相比差距缩小，并于 2021 年超过全国平均水平 5 个百分点。

广东数字政府的好用率高于全国平均水平。当被问及"您认为现在电脑上或手机上的办事系统好用吗"时，如图 8 所示，2022 年广东有 16%的市场主体认为数字政府非常好用，50%的市场主体认为数字政府比较好用，两者相加，有 66%的广东市场主体认为数字政府好用。全国平均而言，2022 年有 45%的市场主体认为数字政府好用。这表明广东数字政府的好用率高于全国平均水平。

典型做法二：协助办事群众使用数字政府

广东省数字政府知晓率和使用率的提升，离不开各地职能部门的主动宣传和推广。比如在东莞市，调查员观察到，预约机制制度化和人性化相结合，有年纪大的市场主体到现场后才发现没有提前对业务办理进行预约，工作人员会耐心帮助和协调，同时还会教年纪大的办事群众使用微信小程序预约（见图 9）。

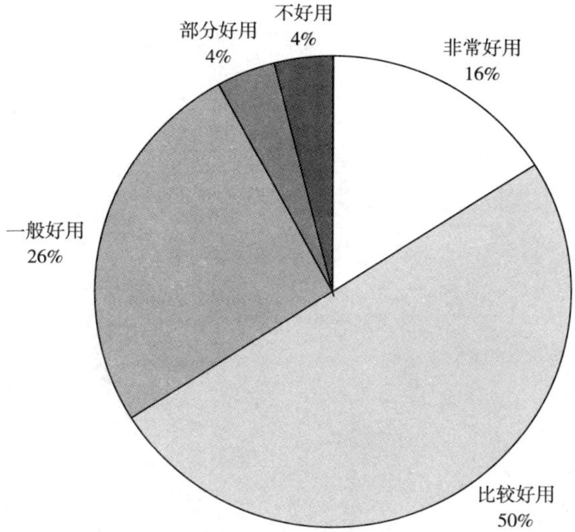

图 8　2022 年广东省 66%的市场主体认为线上办事系统好用

图 9　东莞市政务服务中心内的政务一体机及电脑

第五部分

附　录

附录一　理论框架

一　理论基础

党中央、国务院高度重视深化“放管服”改革优化营商环境工作。2013年党的十八届二中全会提出“深化行政审批制度改革”，2015年党的十八届五中全会提出“完善法治化、国际化、便利化的营商环境”，2017年党的十九大报告提出“深化商事制度改革”，2021年《中华人民共和国国民经济和社会发展第十四个五年规划和2035年远景目标纲要》进一步提出“深化简政放权、放管结合、优化服务改革”“持续优化市场化法治化国际化营商环境”，2022年党的二十大报告明确提出“深化简政放权、放管结合、优化服务改革”“营造市场化、法治化、国际化一流营商环境”。国务院每年出台《全国深化简政放权放管结合优化服务改革电视电话会议重点任务分工方案》，将具体工作部署落到实处。

坚持党的领导是“放管服”改革和营商环境建设的最高政治原则。“放管服”改革是一场刀刃内向、推进政府职能转变的自我革命，涉及部门多、领域广，必须要在党的领导下统筹推进。《中共中央关于全面深化改革若干重大问题的决定》指出，“全面深化改革必须加强和改善党的领导，充分发挥党总揽全局、协调各方的领导核心作用”，具体做法之一是“中央成立全面深化改革领导小组，负责改革总体设计、统筹协调、整体推进、督促落实”。《优化营商环境条例》明确指出，“各级人民政府应当加强对优化营商环境工作的组织领导，完善优化营商环境的政策措施，建立健全统筹推进、督促落实优化营商环境工作的相关机制，及时协调、解决优化营商环境工作中的重大问题”。

“为谁改”是改革发展中的核心问题，中国“放管服”和营商环境建设始终坚持以人民为中心的发展思想，解决市场主体发展中的堵点痛点。为解决市场主体“准入难”和“准营难”，营商环境建设以商事制度改革为抓手，先照后证、多证合一、证照分离等改革措施陆续推出，放宽市场准入和优化政府服务，服务于中国的“双创”。为解决市场主体经营过程中的“办事难”，营商环境建设优化涉企服务，从降低企业准入环节的办事成本扩展到降低涉企全生命周期的办事成本，减轻市场主体的负担，提高市场主体的获得感。

以人民为中心意味着，评价“放管服”改革要跳出政府自身评判改革的传统局限，将评判权交给市场主体。课题组以习近平新时代中国特色社会主义思想为指导，践行以人民为中心的发展思想，以市场主体的感受为依据，评价中国“放管服”改革的进展、成效、问题和不足。

二　指标体系

本报告从市场主体的视角出发，以市场主体获得感为依据，构建中国“放管服”改革需求侧建设的三级指标体系。

附表 1　中国“放管服”改革需求侧建设指标体系

一级指标	二级指标	三级指标
放管服	市场准入	完成登记注册所需时间(天)
		完成登记注册所需窗口数量(个)
		认为办理营业执照更快捷的市场主体占比(%)
		办理许可证(或涉证事项)的数量(个)
		办理许可证所需最长时间(天)
		认为办理许可证数量减少的市场主体占比(%)
	市场监管	国家企业信用信息公示系统使用率(%)
		被上门检查的市场主体占比(%)
		被上门检查次数增多的市场主体占比(%)
		被上门检查部门数量增多的市场主体占比(%)
	线下服务	进驻部门数量(个)
		人工窗口开放率(%)
		“只跑一次”的市场主体占比(%)
		“一窗办理”的市场主体占比(%)
	数字政府	网上办事大厅和移动端办事系统想用率(%)
		网上办事大厅和移动端办事系统知晓率(%)
		网上办事大厅和移动端办事系统使用率(%)
		政务服务一体机数量(台)
		政务服务一体机上进驻部门数量(个)
	主观感受	认为与政府打交道时间降低的市场主体占比(%)
		认为与政府打交道费用降低的市场主体占比(%)
		认为改革对经营有积极影响的市场主体占比(%)
	企业活力	过去半年员工增加的市场主体占比(%)
		过去半年进行创新的市场主体占比(%)
		过去半年业绩变好的市场主体占比(%)
	公平竞争	企业对本地公平竞争环境的打分(分)
		在与政府职能部门或其他企业打交道的过程中遇到不公平的市场主体占比(%)
		面临不公平竞争时,不进行处理的市场主体占比(%)

(一)“放”：市场准入

登记注册是企业生命周期的第一步。《优化营商环境条例》明确提出“国家持续放宽市场准入，并实行全国统一的市场准入负面清单制度”“国家推进‘证照分离’改革，持续精简涉企经营许可事项，为企业取得营业执照后开展相关经营活动提供便利”等具体要求。本报告从“照”和“证”这两个方面构建指标。其中，在“照”上，构建完成登记注册所需时间、完成登记注册所需窗口数量、认为办理营业执照更快捷的市场主体占比共 3 个指标；在“证”上，构建办理许可证（或涉证事项）的数量、办理许可证所需最长时间、认为办理许可证数量减少的市场主体占比共 3 个三级指标。完成登记注册所需时间越少、窗口越少、办理许可证数量越少、办理许可证所需最长时间越少，意味着市场准入越便利，是负向指标；认为办理营业执照更快捷的市场主体占比越大、认为办理许可证数量减少的市场主体占比越大，意味着市场准入越便利，是正向指标。

（二）“管”：信用监管

随着大量市场主体的进入，事中事后监管工作量倍增，信用监管成为新型监管模式。《优化营商环境条例》提出“政府及其有关部门应当按照国家关于加快构建以信用为基础的新型监管机制”的要求，创新和完善信用监管，强化信用监管的支撑保障，加强信用监管的组织实施，不断提升信用监管效能。为此，本报告构建了 4 个指标，其中在信用监管上，构建国家企业信用信息公示系统使用率指标，使用率越高，信用监管的普及度越高，是正向指标；在线下监管上，构建被上门检查的市场主体占比、被上门检查次数增多的市场主体占比、被上门检查部门数量增多的市场主体占比共 3 个指标。

（三）“服”：线下政务服务效率

《优化营商环境条例》指出，“政府及其有关部门办理政务服务事项，应当根据实际情况，推行当场办结、一次办结、限时办结等制度，实现集中办理、就近办理、网上办理、异地可办”。为此，本报告构建了 4 个指标，其中，在政务服务大厅供给侧，构建进驻部门数量、人工窗口开放率 2 个指标，进驻部门数量越多、窗口开放率越高，越有利于提高线下政务服务效能，是正向指标。在市场主体需求侧，构建“只跑一次”的市场主体占比、“一窗办理”的市场主体占比 2 个指标，是正向指标。

（四）“服”：线上数字政府建设

《优化营商环境条例》指出，“国家加快建设全国一体化在线政务服务平台，推动政务服务事项在全国范围内实现‘一网通办’”。为此，本报告将 PC 端网上办事大厅、移动端办事平台等办事渠道统称数字政府，从市场主体想用、知晓、使用这三个阶段构建 3 个指标。①想用率是指如果在数字政府能办理所需业务，愿意使用的市场主体比例，代表数字政府的发展基础与空间。②知晓率是指市场主体中知晓数字政府的市场主体比例。知晓是使用的基础，知晓率体现数字政府在市场主体中的普及程度。③使用率是指实际办事中使用过数字政府的市场主体比例，使用率越高代表数字政府使用规模越大。随着数字政府建设，政务服务一体机成为提供线上全流程、自动化政务服务的典型代表，为此，本报告构建政务服务一体机数量、政务服务一体机进驻部门数量 2 个指标，政务一体机数量越多、集成部门数量越多，越有利于提高服务效率。

（五）“放管服”的成效：市场主体获得感

“放管服”改革始终坚持以市场主体获得感为导向，改革成效好不好，市场主体最有发言权。为此，本报告构建认为与政府打交道时间降低的市场主体占比、认为与政府打交道费用降低的市场主体占比、认为改革对经营有积极影响的市场主体占比共 3 个指标。

（六）“放管服”的成效：市场主体活力

为衡量“放管服”改革激发企业活力、支撑企业高质量发展的成效，本报告从就业、增长、创新三个方面分别构建指标。①就业，以创造新增就业的市场主体占比度量。②增长，以业绩增加的市场主体占比度量。③创新，以进行创新的市场主体占比度量。这 3 个指标均为正向指标，创造新增就业岗位的市场主体占比越高、业绩增加的市场主体占比越高、创新的市场主体占比越高，对高质量发展的支撑度越高。

（七）“放管服”的成效：公平竞争环境

只有市场主体公平竞争，才能有效激发市场主体的活力，使竞争成为创新和发展的不竭源动力。《优化营商环境条例》指出，“政府有关部门应当加大反垄断和反不正当竞争执法力度，有效预防和制止市场经济活动中的垄断行为、不正当竞争行为，以及滥用行政权力排除、限制竞争的行为，营造公平竞争的市场环境”。为此，本报告从市场主体的主观感受和经历出发，构建 3 个指标，一是企业对本地公平竞争环境的主观打分（0~100 分）；二是在与政府职能部门或其他企业打交道的过程中遇到不公平的企业占比；三是面临不公平竞争时，不进行处理的企业占比。

附录二　实地调查

一　调查抽样

（一）2018年第一轮调查，采用分层随机抽样，抽取了16省（区市）84市182个区

首先，在省级行政区划层面抽取样本，遵循三条规则。一是考虑到下辖地市级和区县级政务服务大厅的数量以及交通等因素，剔除了新疆、西藏、内蒙古、青海和海南等 5 个省级行政单位，在 26 个省级单位中抽取 16 个省级单位。二是区分直辖市与非直辖市，至少抽中一半的直辖市。三是抽中的 16 个省级单位与未抽中的 15 个省级单位在 2015 年的名义 GDP 以及规模以上工业总产值上不存在显著差异。

基于以上三条规则，调查抽取了 16 个省级行政区划单位，具体包括 2 个直辖市：北京和天津。12 个省：吉林、浙江、安徽、福建、山东、河南、湖南、广东、贵州、云南、陕西、甘肃。2 个自治区：广西壮族自治区、宁夏回族自治区。其中，北京、天津、浙江、福建、山东、广东属于东部地区，安徽、河南和湖南属于中部地区，贵州、云南、陕西、甘肃、广西和宁夏属于西部地区，吉林属于东北地区。

其次，在抽中的省级行政单位中，抽取地级及副省级城市，遵循四

条规则。一是省级行政单位下辖地级及副省级城市数量如果不高于12个的，则抽取一半；如果高于12个的，则抽取6个。二是确保抽中省会城市。三是在省级行政单位内部，抽中的城市与未抽中的城市，在2015年的名义GDP以及规模以上工业总产值上不存在显著差异。四是在全国范围内，抽中的城市与未抽中的城市，在2015年的名义GDP以及规模以上工业总产值上不存在显著差异。基于以上四条规则，调查抽取了72个地级市。

最后，在72个地级市中随机抽取区，遵循三条规则。一是只抽取市辖区作为调查区域。二是市下辖区的个数如果不超过8个的，则抽取一半；如果超过8个的，则抽取4个。三是在调查市内，抽中的区与未抽中的区在2015年名义GDP和总人口上无显著差异。最终抽取了182个区。

（二）2019年第二轮调查，通过分层随机抽样，扩大至24省（区市）110市281个区

首先，新增了8个省份。一是增加了上海、重庆两个直辖市，实现四个直辖市全覆盖。二是增加了山西、江苏、河北、湖北、海南、青海六个省份。

其次，新增了34个地级市。一是在山西、江苏、河北、湖北4个省份内进一步进行分层随机抽样，抽取地级市样本。抽样遵循三条规则：①省级行政单位下辖地级及副省级城市数量如果不高于12个的，则抽取一半；如果高于12个的，则抽取6个。②确保抽中省会城市。③在省级行政单位内部，抽中的城市与未抽中的城市，在2015年的名义GDP以及规模以上工业总产值上不存在显著差异。二是增加海南海口市、青海西宁市两个地级市。三是在随机抽样的基础上，补充20个省和自治区的第二大城市样本。[①] 基于此，2019年共覆盖106个地

① 将除各省省会城市外、2015年名义GDP排名第一的城市定义为第二大城市，例如广东省深圳市、山东省青岛市、河北省唐山市。若抽样样本中不包含第二大城市，则进行补充。

级市。

进一步，在2个新增直辖市和34个新增地级市中进一步抽取市辖区。在调查市内，市下辖区的个数如果不超过8个的，则抽取一半；如果超过8个的，则抽取4个，保证抽中的区与未抽中的区在2015年名义GDP和总人口上无显著差异。

基于这一规则，2019年调查共覆盖24省（包含4个直辖市、18个省、2个自治区）106个地级市281个市辖区。

（三）2020年第三轮调查，覆盖28省（区市）67市245个区

2020年调查基于2019年分层随机抽样本，并依据调查时的实际情况进行动态调整，最终覆盖28省（区市）67市245个区。

（四）2021年第四轮调查，覆盖14省（区市）26市68个区

首先，在2019年调查的基础上，增加了四川省，去掉山西、河北、湖北、海南、青海5个省份。

其次，在四川省内进一步进行分层随机抽样，抽取地级市样本，新增7个地级市，共覆盖94个地级市。

再次，7个新增地级市中进一步随机抽取市辖区。进一步，根据往年经验与实际情况对调查城市进行调整，调整后包含93市。

最后，在实际调查的过程中，由于调查时的实际情况动态调整，调查员最终前往了14省（区市）24地级市68区。

（五）2022年第五轮调查，覆盖19省（区市）35市108个区

2022年调查基于2019年分层随机抽样本，新增江西省、辽宁省和新疆维吾尔族自治区，未调查上海、山西、湖北、海南、青海、河南、甘肃、宁夏，并依据调查时的实际情况进行一定调整，最终覆盖19省（区市）35市108个区。

二　调查过程

（一）工作人员招募与方案确立

2022 年 5~6 月，经过简历筛选、培训考核等筛选，项目组最终招募 5 名调查督导、76 名调查员、39 名监察员。2022 年 6 月，项目组在 2018 年、2019 年、2020 年和 2021 年调查方案的基础上，依据调查时的实际情况，进一步确定了调查方案、制定调查规则及调查方法。

（二）问卷系统及电子问卷系统调试

2022 年 6 月，在 2018 年、2019 年、2020 年和 2021 年电子问卷系统的基础上，完成问卷设计、电子问卷系统调试等工作。

（三）人员培训

2022 年 6~7 月，开展线下培训和线上培训，组织督导、调查员、监察员了解调查流程、熟悉调查问卷、操作电子问卷系统。

（四）全国正式调查

2022 年 7 月 11 日至 8 月 10 日，开展正式调查。

三　调查方法

（一）调查对象

一是抽样地区的政务服务中心、市场监督管理局办事大厅等政务大厅。

二是前来政务大厅办理业务的市场主体。

（二）调查内容

一是观察各地政务大厅的硬件、软件等设施。

二是访谈各地市场主体眼中的营商环境。

（三）实地调查方法及过程

一是调查员进入调查政务大厅后，根据问卷内容，观察办事大厅的硬件、软件及服务情况，在电子问卷系统中如实填写、上传后台。

二是调查员进入调查政务大厅后，随机选取前来办理业务的市场主体，主要是在等候区等待叫号的市场主体。调查员说明调查目的、询问市场主体是否愿意接受采访，然后根据电子问卷内容，从市场准入、市场监管、服务效率、互联网+政务等维度进行访谈，由调查员在电子问卷系统中如实填写、上传后台。

（四）替代方案

如果调查无法正常进行，则选择邻近的非调查区作为替代。

四　质量控制

调查问卷实时上传后台系统，后台每天对数据质量进行严格检查，保证数据质量。

一是整体检查，后台自动对调查数据进行技术性检查。

二是“双随机”抽查，后台通过“双随机”的方式，自动从每日调查问卷中随机抽取一定比例，随机匹配给检查员，检查员进行进一步检查。

五　调查团队

调查组：

鲍朵朵、岑颖艳、陈乐文、陈烁仪、陈炫瑜、陈依婷、陈蕴瑶、丁柯文、董名、范文欣、方东妮、方可馨、付玉涵、顾诗静、何雨欣、胡钰晗、黄馨仪、黄一璇、黄子珏、霍惠芝、江亦晗、雷雨静、李虹辰、李佳桐、李欣巍、李欣悦、李亚茹、李子璇、林可盈、刘洁仪、刘荣钰、刘若彤、刘箫语、刘艺帆、刘云潇、罗融宇、罗如昕、马嫚伶、普京莹、齐春蕾、尚俊成、唐英芳、陶丹、王燊林、卫春鸣、魏薇、温凯迪、吴林晨、吴琳萱、吴诗韩、吴爽、吴宇轩、肖羽菲、许云琦、杨青筱、杨适寒、杨欣、姚永健、原野、张菲桐、张江琦、张晴宇、张研、张懿秦、张宇佳、张子涵、赵春森、赵珈毅、郑颖珊、周芮夷、朱明静、朱颖琦、朱雨琴、庄锡怡

保障组：

陈立超、陈秋羽、杜恒民、方嘉培、封博、郭栢瑄、何颖、侯临瑞、胡楚清、黄海嫦、黄洪彬、黄学纯、姜浩然、李隽、李沐京、李心怡、李艳、梁欣仪、林海涵、刘馨悦、刘依云、刘子畅、陆佩婷、马伊荷、莫景欣、潘逊、彭诗琦、秦缘、施映辰、宋柱贤、苏湘晗、唐雅静、唐元杰、万信、王文茂、王曦池、芷晴、王子晗、文梦婷、吴曼聆、谢培钊、谢文怡、邢博宁、杨宁、占圣洁、曾湘茹、张睿子、张依依、张雨欣、章睿屹、赵雯清、赵馨雨、周荃、周奕嘉、朱海缘、朱恺仪

报告撰写组：

毕青苗、陈俊豪、陈邱惠、陈秋羽、丁意茹、方可馨、付玉涵、李沐京、刘洁仪、吕大兴、莫景欣、秦缘、王昊松、王文茂、王子晗、吴曼聆、肖艾琳、原野、张研、赵珈毅、周荃、朱雨琴、庄锡怡

附录三　相关数据

附表 1　全国受访市场主体的地区分布

单位：%

省份	占比
北京市	6
上海市	14
江苏省	5
浙江省	10
安徽省	6
福建省	4
山东省	1
河南省	10
湖南省	5
广东省	9
广西壮族自治区	8
四川省	3
贵州省	7
陕西省	11

数据来源：中国营商环境企业调查 2023。

附表 2 全国受访市场主体代表的基本情况

单位：%

分类	类别	占比
性别	男	47
	女	53
年龄	小于 30 岁	33
	30~40 岁	47
	40~50 岁	16
	50 岁以上	4

数据来源：中国营商环境企业调查 2023。

附表 3 全国受访市场主体的基本情况

单位：%

分类	类别	占比
登记注册年份	2014 年以前	35
	2014 年	4
	2015 年	5
	2016 年	6
	2017 年	7
	2018 年	8
	2019 年	10
	2020 年	7
	2021 年	8
	2022 年	11
所有制	国有企业	8
	民营企业	71
	外资企业	1
	合资企业	2
	个体户	18
所属行业	农林牧渔业	4
	工业（除建筑业）	7
	建筑业	8
	服务业（除互联网平台行业）	55
	互联网平台行业	5
	新兴行业	21

续表

分类	类别	占比
企业规模	少于 10 人	33
	10~20 人	23
	20~100 人	26
	100~500 人	10
	大于 500 人	7

数据来源：中国营商环境企业调查 2023。

图书在版编目（CIP）数据

中国营商环境企业调查．2023："放管服"改革十年／徐现祥，毕青苗，王子晗编著．--北京：社会科学文献出版社，2023.8

（中国商事制度改革丛书）

ISBN 978-7-5228-2008-8

Ⅰ．①中… Ⅱ．①徐… ②毕… ③王… Ⅲ．①投资环境-研究报告-中国-2023 Ⅳ．①F832.48

中国国家版本馆 CIP 数据核字（2023）第 112999 号

中国商事制度改革丛书

中国营商环境企业调查（2023）

"放管服"改革十年

编　　著／徐现祥　毕青苗　王子晗

出 版 人／王利民

责任编辑／吴　敏

责任印制／王京美

出　　版／社会科学文献出版社·皮书出版分社（010）59367127

地址：北京市北三环中路甲 29 号院华龙大厦　邮编：100029

网址：www.ssap.com.cn

发　　行／社会科学文献出版社（010）59367028

印　　装／三河市龙林印务有限公司

规　　格／开　本：787mm×1092mm　1/16

印　张：11.75　字　数：157 千字

版　　次／2023 年 8 月第 1 版　2023 年 8 月第 1 次印刷

书　　号／ISBN 978-7-5228-2008-8

定　　价／89.00 元

读者服务电话：4008918866